U0518462

21世纪普通高等院校系列规划教材

经济计量分析实验
Jingji Jiliang Fenxi Shiyan

主 编 孙荣 丁黄艳 刘丽颖

西南财经大学出版社

中国·成都

图书在版编目(CIP)数据

经济计量分析实验/孙荣等主编.—成都:西南财经大学出版社,2019.11
ISBN 978-7-5504-4202-3

Ⅰ.①经… Ⅱ.①孙… Ⅲ.①经济计量分析—实验—教材
Ⅳ.①F224.0-33

中国版本图书馆 CIP 数据核字(2019)第 239347 号

经济计量分析实验

主编 孙荣 丁黄艳 刘丽颖

责任编辑:李思嘉
封面设计:杨红鹰 张姗姗
责任印制:朱曼丽

出版发行	西南财经大学出版社(四川省成都市光华村街 55 号)
网　　址	http://www.bookcj.com
电子邮件	bookcj@foxmail.com
邮政编码	610074
电　　话	028-87353785
照　　排	四川胜翔数码印务设计有限公司
印　　刷	郫县犀浦印刷厂
成品尺寸	185mm×260mm
印　　张	12.5
字　　数	255 千字
版　　次	2019 年 11 月第 1 版
印　　次	2019 年 11 月第 1 次印刷
印　　数	1— 2000 册
书　　号	ISBN 978-7-5504-4202-3
定　　价	37.50 元

前言

经济计量分析是在经济理论的指导下，以客观事实为依据，运用数学和统计学方法，借助计算机技术从事经济关系与经济活动数量规律的研究，并以建立和应用经济计量模型为核心的一门经济学科。经济计量分析是一门应用学科，它所提供的定量的实证分析方法已经在经济管理活动中发挥了重要作用。但是经济计量的根本任务是估计经济模型和检验经济模型，经济计量分析方法，从狭义上看，模型参数估计方法是它的核心内容。因此经济计量分析需要运用统计学知识进行大量的计算。教学实践表明，经济计量分析模型的计算繁难，是学习经济计量分析的主要障碍，也是理论联系实际的主要障碍，所以需要学习运用计算机软件进行计量经济学模型计算，掌握实际应用的工具和手段，在应用过程中学习、验证理论，提高学习效果。

按照高等教育对培养复合型人才的要求，培养学生分析、解决问题的能力是高等学校统计学专业教学改革的重点，其中一项重要内容就是增加实验课课程及实验时间。本教材正是为适应这种改革的要求而编写的。

能够进行经济计量分析模型计算的软件有很多，如 EViews、SPSS、SAS 等，本教材以 EViews 软件作为"经济计量经济分析实验"课程的计算软件。EViews（Econometrics View）是当今世界上流行的计量经济学软件之一。它由 QMS（Quantitative Micro Software）公司推出，该软件的前身是 Micro TSP。EViews 是在 Windows 操作系统下专门从事数据分析、回归分析和预测的工具，拥有数据处理、作图、统计分析、回归建模分析、预测、时间序列模型分析、时间序列的 X12 季节调整分析、编程和模拟九大功能。EViews 的应用范围包括：科学试验数据分析与评估、金融分析、宏观经济预测、仿真和销售预测等。EViews 具有现代 Windows 软件可视化操作的优良性，可以使用鼠标对标准的 Windows 菜单和对话框进行操作，操作结果出现在窗口中并能采用标准的 Windows 技术对操作结果进行处理。此外，EViews 还拥有强大的命令功能和批处理语言功能，可在 EViews 的命令行中输入、编辑和执行命令，在程序文件中建立和存储命令，以便在后续的研究项目中使用这些程序。

本教材的内容由两部分组成：第一部分是关于 EViews 的基本操作；第二部分是基于 EViews 的实验内容，具体包括一元线性回归模型的估计与统计检验、多元线性回归模型的估计与统计检验、多重共线性的检验与修正、自相关的检验与修正、异方差性的检验与修正及综合实验六个实验。

孙荣撰写了本教材的第一部分 EViews 的基本操作各章节、第二部分实验操作除去实验过程的部分。丁黄艳撰写了本教材第八章至第十三章实验一至实验五、综合实验操作的实验过程部分。刘丽颖负责全书的校对工作，孙荣负责全书内容的总撰。本书的出版得到了重庆工商大学经济实验教学中心、重庆工商大学经济实验教学学术委员会全体成员、重庆工商大学数学与统计学院等的大力支持与帮助，在此一并表示衷心的感谢！

本书可作为统计学专业"经济计量分析实验"课程的教材，也可作为"经济计量分析"课程的软件操作配套学习教材。由于笔者的能力有限，书中可能存在着不完善或不令人满意的地方，欢迎读者提出宝贵意见。

孙　荣

2019 年 10 月

目录

第二部分　实验操作

第一部分
EViews 的基本操作

第一章 EViews 简介

一、什么是 EViews

EViews 是在大型计算机的 TSP（Time Series Processor）软件包基础上发展起来的新版本，是一组处理时间序列数据的有效工具。1981 年 QMS（Quantitative Micro Software）公司在 Micro TSP 基础上直接开发出 EViews 并投入使用。虽然 EViews 是由经济学家开发的，并大多在经济领域应用，但它的适用范围并不局限于经济领域。EViews 得益于 Windows 的可视的特点，能通过标准的 Windows 菜单和对话框，用鼠标选择操作，并且能通过标准的 Windows 技术来使用显示于窗口中的结果。此外，还可以利用 EViews 强大的命令功能和大量的程序处理语言，进入命令窗口修改命令，并可以将计算工作的一系列操作创建相应的计算程序，并存储，人们就可以直接通过运行程序来完成相关的工作。

二、启动和运行 EViews（以 EViews 8 为例）

EViews 8 提供了一张光盘，插入光驱即可直接安装，并直接在桌面上建立图标。但是在第一次使用前，EViews 8 要求在网上注册。在 Windows 操作系统中，有下列几种启动 EViews 的办法：①单击任务栏中的开始按钮，然后选择程序中的 EViews 8 进入 EViews 程序组，再选择 EViews 8 程序符号；②双击桌面上的 EViews 图标；③双击 EViews 的"workfile"或"database"文件。

三、EViews 窗口

EViews 窗口由五个部分组成:标题栏、主菜单、命令窗口、状态栏、工作区,如图 1-1 所示。

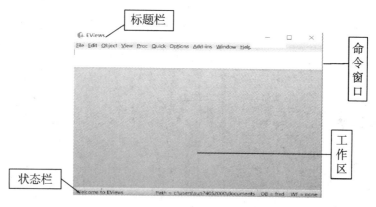

图 1-1　EViews 窗口的五个组成部分

（1）标题栏。标题栏位于主窗口的最上方。单击 EViews 窗口的任何位置即可以使 EViews 窗口处于活动状态。

（2）主菜单。点击主菜单会出现一个下拉菜单,在下拉菜单中可以单击选择显现项。

（3）命令窗口。菜单栏下面是命令窗口。把 EViews 命令输入该窗口,按回车键即执行该命令。

（4）状态栏。窗口的最底端是状态栏,它被分成几个部分。左边部分有时提供 EViews 发送的状态信息,往右接下来的部分是 EViews 寻找数据和程序的预设目录,最后两部分显示预设数据库和工作文件的名称。

（5）工作区。工作区位于窗口中间部分。EViews 在这里显示各个目标窗口。

四、关闭 EViews

在主菜单上选择"File/Close"或按"Alt+F4"键来关闭 EViews,也可单击 EViews 窗口右上角的关闭按钮来关闭 EViews。

第二章　EViews 基础

EViews 的核心是对象。对象是指有一定关系的信息或算子捆绑在一起供使用的单元。用 EViews 工作就是使用不同的对象。对象都放置在对象集合中,其中工作文件(workfile)是最重要的对象集合。

第一节　工作文件

一、建立新的工作文件

选择菜单"File/New/workfile",会弹出数据的频率对话框。可在"Workfilefrequency"中选择数据的频率,可选的频率包括年度、半年、季度、月度、星期、天(每周 5 天、每周 7 天)以及非时间序列或不规则数据。可在"Start date"文本框中输入起始日期,"End date"文本框中输入终止日期,年度与后面的数字用":"分隔。日期的表示法为:年度: 20 世纪可用两位数,其余全用四位数字;半年:年后加 1 或 2;季度:年后加 1~4;月度: 年后加 1~12;星期:月/日/年;日:月/日/年;非时间序列或不规则数据:样本个数。

(一)通过描述结构创建工作文件

为了描述工作文件的结构,需要提供给 EViews 关于观测值和与其相联系的标识符的外部信息。例如,可以告知 EViews 数据集合是由从 1990Q1 到 2003Q4 的每个季度的观测值的时间序列组成,或者是从 1997 年开始到 2001 年结束的每一天的信息, 或者是拥有 500 个观测值而没有附加的标识符信息的数据集合。

要创建工作文件,从主菜单选择"File/New Workfile",打开"Workfile Create"对话框,如图 2-1 所示。

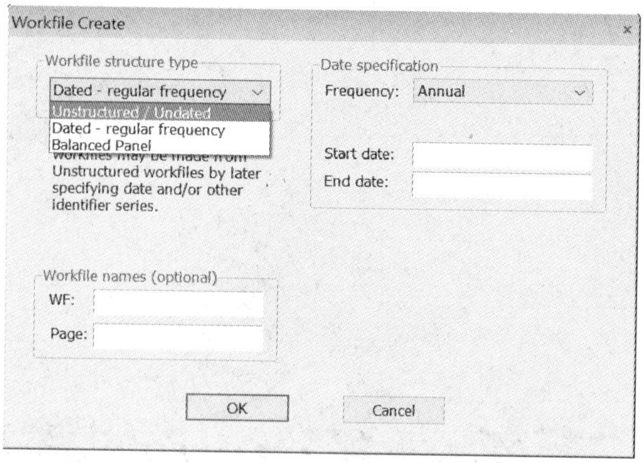

图 2-1　工作文件创建界面图

对话框的左边是下拉列表框,它用来描述数据集合的基本结构。可以在"Dated-regular frequency""Unstructured Mndated""Dated-regular frequency"和"Balanced Panel"中选择工作文件的结构类型。一般来说,若是一个简单的时间序列数据集合,可以选择"Dated-regular frequency",对于一个简单的面板数据库,可以使用"Balanced Panel",而在其他情况下,可以选择"Unstructured/Undated"。每个基本结构所需要的选项将在后面分别介绍。

1.描述具有固定频率的时间序列工作文件

当选择"Dated-regular frequency"时,EViews 将允许选择数据的频率。可以在下面两者之间进行选择:一个是标准的 EViews 所支持的数据频率[Annual(年度)、Semi-annual(半年度)、Quarterly(季度)、Monthly(月度)、Weekly(周度)、Daily-5 day week(每 5 天一个星期)、Daily-7 day week(每 7 天一个星期)];另外一个是特定的频率(Integer date)。

选择频率时,要正确设置数据中观测值的间隔(年度、半年度、季度、月度、周度、每周 7 天、每周 5 天),以便于允许 EViews 使用所有可用的日历信息来组织和管理数据。例如,当在日、周或年度数据之间进行变动时,EViews 会清楚地判断出有些年份有 53 个星期,而有些年份有 366 天,进行工作时,EViews 将应用日历信息。

正如名字所表达的意义一样,固定频率数据被特定的频率定义而具有固定的间隔,如月度数据。相反,非固定频率的数据没有固定的间隔。非固定频率数据的一个重要例子就是关于证券和股票的价格,它们在假期和其他市场关闭的情况下,观测值是非规则的,而并不是以 5 天为一个周期的规则数据。标准的宏观经济数据,如季度 GDP 或者每月的房地产开发均是规则数据。

EViews 也允许为工作文件输入"Start date"和"End date"。单击"OK",EViews 将创建一个具有固定频率的工作文件,其中包括指定数目的观测值和与此相关的标识符。

假设需要创建一个年度工作文件,它开始于 1998 年,结束于 2018 年(如图 2-2 所示)。

首先,为工作文件的结构选择"Dated-regular frequency",然后选择"Annual"频率。

接下来,"Start date"和"End date"文本框被激活。有很多方法可以填写日期值。EViews 使用最大的观测值组合,它与那些日期相一致,所以如果输入的是"1998"和"2018",工作文件从 1998 年开始,到 2018 年结束。

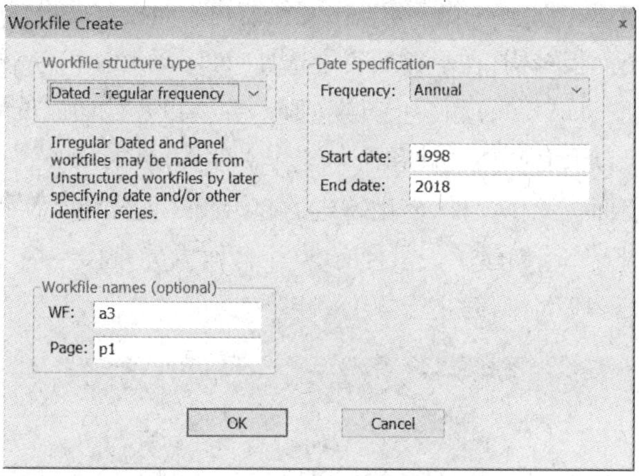

图 2-2　工作文件创建界面图(二)

这个例子阐述了使用 EViews 中日期信息的基本原则。一旦指定了一个工作文件的频率,EViews 将应用所有有用的日历的信息来说明相关频率的信息。例如,给定一个季度工作文件,EViews 会判断日期"3/2/1990"是 1990 年的第一个季度。

最后,可以输入工作文件名,同时给工作文件页命名。

2.描述非结构工作文件

非结构数据仅仅是没有指定日期的数据,它使用默认的整数标识符。

若在下拉列表中选择这一类型时,对话框将发生变化,会提供一个空白区域用来输入观测值的个数,然后单击"OK"。在图 2-3 所描述的例子中,EViews 将会创建一个拥有 200 个观测值的工作文件,其中包括从 1 到 200 的整数标识符。

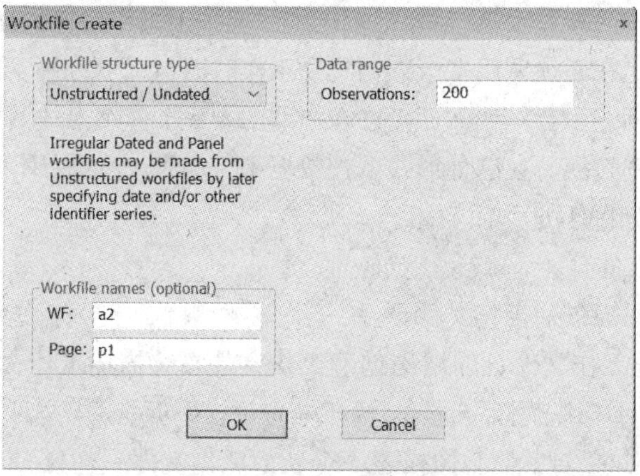

图 2-3　工作文件创建界面图(三)

3.描述平衡面板工作文件

Balanced Panel 提供了描述固定频率面板数据结构的简单方法。

创建一个平衡面板结构时,要输入每个截面成员,这些成员具有相同的固定频率和相同日期的观测值。在这里仅仅给出这一过程的大体概括。详细的讨论需要对面板数据进行总的描述和创建一个高级工作文件结构。面板数据将在后面讨论。

创建一个平衡面板结构,在下拉列表中选择"Balanced Panel",选定频率(Frequency),输入起始日期(Start date)和终止日期(End date)以及截面成员的个数(Number of cross sections)。可以命名工作文件和命名工作文件页,单击"OK"。EViews 将创建一个给定频率的平衡面板工作文件,使用特定的起始和终止日期以及截面成员的个数。

在图 2-4 中,EViews 创建了一个拥有 50 个截面成员、固定频率、年度的面板工作文件,观测值起始于 1978 年,终止于 2018 年。

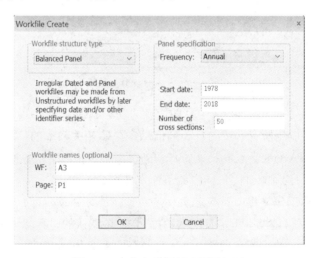

图 2-4　工作文件界创建面图(四)

(二)多页工作文件创建

很多工作可能只涉及单页,然而把数据组织成多个工作文件页是非常有用的。多页工作文件主要是在必须要用多个数据集合工作时的情况下应用。例如,需要分析季度数据和月度数据。多页工作文件允许在当前的频率下容纳上述两个设置,如果必要的话执行自动频率转换。在这种形式下把数据组织起来,允许在季度和月度频率之间快速切换来完成分析任务。

1.创建工作文件页

有很多方法可以创建工作文件页。

(1)通过描述工作文件页的结构创建工作文件页。描述工作文件页的结构只需单击标签"New Page"并选择"Specify by Frequency/Range…",这时 EViews 将显示类似的"Workfile Create"对话框。像描述一个新的工作文件一样,简单地描述这个工作文件页的结构,并单击"OK"。

EViews 将创建一个带有特定结构的新的工作文件页,它将作为活动工作文件页被系统自动命名,也将被指定。

(2)使用标识符创建工作文件页。第二种方法是使用一个或多个标识符序列创建新的工作文件页。单击"New Page"标签,选择"Specify by identifier Series…",进入EViews 打开一个对话框(如图2-5 所示)。可以在"Date ID series"和"Cross ID series"文本框中输入一个或多个序列。EViews 将使用特定的序列来构建标识符。指定样本中标识符的唯一值将被用来创建新的工作文件页。再者,EViews 也可使用所提供的信息构建这个工作文件。

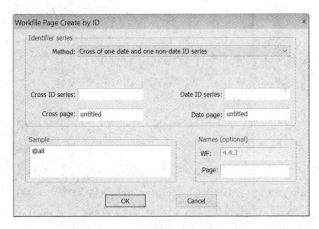

图2-5 工作文件创建界面图(五)

(3)通过复制当前页数据创建工作文件页。单击或选择菜单"Proc""Copy""Extract from Current Page""By Link to New Page…"或"Proc""Copy""Extract from Current Page""By Value to New Page or Workfile…",EViews 将打开对话框指定要复制的新工作文件页的对象和数据。

(4)通过加载工作文件或数据源创建工作文件页。单击"New Page"并选择"Load Workfile Page"或选择"Proc/Load Workfile Page",在打开文件对话框中,如果选择已经存在的 EViews 工作文件,EViews 将原工作文件的每一页添加新页;如果选择只有一页的工作文件,EViews 将在新页中加载整个工作文件;如果工作文件包含多页,每一页都将作为新页分别加载,活动页将是最新的页。

工作文件页普遍被认为仅是工作文件,特定页或者基本的多页工作文件有其特定的操作。

①设置活动的工作文件页。单击工作文件窗口的页标签,即可设置活动文件页。

②给工作文件页重新命名。EViews 将按工作文件页的结构提供一个缺省的名字。若给工作文件页重新命名只需右键单击该页的标签,弹出工作文件页菜单。从菜单中选择"Rename Workfile Page",然后输入工作文件页的名字。相应的,也可以从主菜单中选择"Proc/Rename Current Page"。

③删除工作文件页。右键单击该页的标签,选择"Delete Workfile Page",或者在活动页面,单击 Proc 菜单,选择"Delete Current Page"。

④保存工作文件页。若希望保存活动工作文件页为一个独立的工作文件,只需右键单击该页的标签,选择"Save Workfile Page",然后打开"Save As"对话框。此外,也可以从主菜单中选择"Proc/ Save Current Page"。

二、工作文件窗口

EViews 中最重要的窗口就是工作文件窗口。工作文件窗口提供了一个在给定工作文件或者工作文件页下的所有对象的目录。工作文件窗口也提供了一些处理工作文件和工作文件页的工具。

(一)工作文件的标题和菜单

在工作文件窗口的标题栏中可以看到 Workfile 后跟工作文件名。若工作文件已经保存到磁盘里,可以看到它的名字和整个磁盘路径。在图 2-6 中,工作文件的名字是"4.4.3_1.wf1",被存放在 c 盘的根目录下。若工作文件没有被保存,则它将被命名为"Untitled"。

在标题栏的正下方是菜单和工具条,利用菜单和工具条可以方便地实现很多操作。工具条中的按钮仅是一种快捷方式,可以方便地处理 EViews 的主菜单中的一些操作,如菜单"View/Name Display"可以实现大小写转换(默认是小写)。

图 2-6 工作文件界面

(二)工作文件的范围、样本和显示限制

在工具条的下面是两行信息栏,在这里 EViews 显示工作文件的范围(结构)、工作文件的当前样本(被用于计算和统计操作的观测值的范围)和显示限制(在工作文件窗口中显示对象子集的规则)。双击这些标签并在对话框中输入相关的信息,可以改变工作文件的范围、样本和显示限制。

在窗口的主要部分,可以看到工作文件路径中工作文件页的所有内容。在正常的显示模式下,所有被命名的对象都以不同的图标被列示在工作文件窗口中,按名字排序。不同类型的对象有不同的图标。此外,也可以在工作文件页里显示对象的子集,下文将予以介绍。

(三)工作文件路径选项

可以通过改变默认工作文件显示来表示对象的其他信息。若选择"View/Details+/-",或者点击工具栏中的"Details+/-"按钮,EViews 将在标准工作文件显示格式和提供附加信息的显示格式间切换。

当工作文件中包含大量对象时,很难查找到指定的对象。可以使用工作文件中的显示限制来解决这一问题。在工作文件窗口中选择"View/Display Filter",或者双击工作文件窗口中的"Filter",将显示一个对话框,这个对话框由两部分组成。在编辑区域内,可以放置一个或几个名字的描述,可以包括通配符"＊"(与任何字符相匹配)和"?"(与任何单个字符相匹配)。在编辑区域的下面是一系列复选框,对应于不同类型的 EViews 对象。EViews 将仅仅显示与编辑区域中名字相匹配的指定类型的对象。

三、保存工作文件

保存工作文件可以在工具栏中单击"Save"按钮,或从主菜单中选择"File/Save"或"File/Save As",在出现的 Windows 标准对话框内选择文件要保存的目录及文件名。

当重写工作文件时,EViews 通常会保留重写文件的备份。备份文件名和原文件名相同,但扩展名的第一个字母变为"～"。是否创建备份文件,可以通过选择 Options/Workfile Storage Defaults 进行设置。

单击"Save"按钮,EViews8 将显示一个对话框(见图 2-7),这个对话框显示储存在工作文件中当前数据的整个的默认选项。

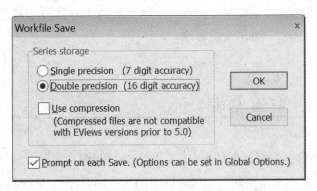

图 2-7　工作文件保存界面

操作者的第一选择就是用"Single precision"(单精度)或者"Double precision"(双精度)保存序列数据。

操作者也可以选择压缩或者非压缩的形式保存数据,若选择"Use compression",EViews 将会分析序列的内容,为每个序列选择一个最佳的储存精度,应用压缩算法,缩小工作文件的大小。但是操作者要谨慎,压缩的工作文件并不全是相互兼容的,它不会被低于 EViews5 的版本所识别。

在每个保存操作中都有一个检查框,用来显示选项对话框。默认状态下,每次保存工作文件,都将显示这个对话框。不选"Prompt on each Save"这个选项,EViews 在后面的保存操作中将隐藏这个对话框。若希望以后改变这个保存设置或者希望显示这个对话框,必须在 EViews 主菜单中通过选择"Option/Workfile Default Storage Options"来更新整个设置。

除了被压缩的工作文件外,在 EViews 8 中被保存的工作文件都可以被以前版本的 EViews 所读取。像"ValMap"或者字符串序列的对象不被以前的版本所支持,当被 EViews 更早的一些版本读取时将被舍弃。所以当用老一点的 EViews 版本读取工作文件时一定要小心,因为有可能失去那些已经被删除的对象。

同时也要注意多页工作文件中也只有第一页能被先前的版本所读取,其他页将被舍弃。保存多页工作文件的单页为独立的工作文件,这样就可以被以前的版本所读取。

四、加载工作文件

可选择"File/Open/EViews Workfile"将以前保存的工作文件调入内存。

当选择"File/Open/EViews Workfile"时,可以看到一个标准的 Windows 的打开文件对话框。只需通过正确的目录和双击工作文件的名字,就可把它加载到内存。

为了方便起见,EViews 在 File 菜单的底部保存着最近使用过的工作文件,用鼠标单击所要用的工作文件,按回车键,就可以在 EViews 中将它打开。

EViews 可以读取以前版本的 EViews 的工作文件,但由于程序的变化,当用 EViews 读取时,一些对象可能会被修改。

● 第二节 对象基础

EViews 中的信息是储存在对象中的。每个对象都包含与一个特定分析领域有关的信息。与每类对象相关联的是一系列视图(Views)和过程(Procedure),它们和对象中的信息一起使用。这种视图、过程与对象中的数据的相关联被称为面向对象的 EViews 设计。

一、对象中的数据

不同对象包含着不同的信息。例如,序列对象、矩阵对象、向量对象等主要包含数值方面的信息;方程对象和系统对象包含方程或系统的完整的信息,除了包含用来做估计的数据外,还包含估计的结果的信息;图对象和表对象包含数值的、文本的和格式的信息。

二、对象视图

不同的对象有不同的视图。序列对象有图表视图(察看原始数据)、线性坐标视图、柱状坐标视图、直方统计视图、相关视图、分布散点视图、QQ 散点视图、核密度图。利用序列的视图还可以进行简单的假设检验和统计分析。

可以用 EViews 工作文件窗口菜单上的"View"或对象窗口工具栏上的"View"来改变对象的视图。一个对象视图的变化并不会改变对象中的数据,只会让显示形式发生改变,如图 2-8 和图 2-9 所示。

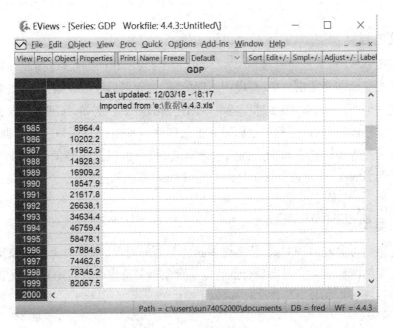

图 2-8 对象创建界面

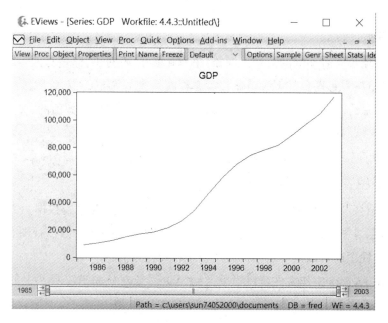

图 2-9　对象视图

三、对象过程

许多 EViews 对象还包括过程（Procedure）。与视图相同的是，过程通常以图表或坐标的形式显示在对象窗口中；与视图不同的是，过程可以改变数据，无论是对象本身中的还是其他对象中的。很多过程还可以创建新的对象。例如，序列对象含有进行平滑与季节调整的过程，该过程可以创建一个新的含有平滑以及调整后的数据的序列。方程对象的过程可以建立新的序列来包含残差、拟合值以及预测值。可以用 EViews 主菜单上的"Procs"或对象窗口工具栏上的"Procs"来选择过程。

四、对象类型

除了序列对象和方程对象，还有许多其他类型的对象，每种对象在对象集合中都有一个特定的图标表示。对象集合虽然也是对象但对象集合没有图标，因此工作文件和数据库不能放在其他的工作文件或数据库中。

五、建立对象

在建立对象之前必须打开工作文件集合，而且工作文件窗口必须是已被激活的。然后选择主菜单上的"Objects/New Object"将会弹出工作文件集合窗口。在"Type of object"中选择新建对象的类型，在"Name for object"中输入对象名。

在"Type of object"中选择新建对象的类型，在"Name for object"中输入对象名。

单击"OK"。在类型表中 Series Link，Series Alpha，ValMap 是 EViews 新增加的对象类型。

　　例如，若选择"Equation"，可以看到一个对话框，它要求输入更详细的信息，如图 2-10 所示。相应地，若选择"Series"，然后单击"OK"，可以看到一个对象窗口（序列窗口），它将显示一个 Untitled 序列的电子数据表格图。

　　对象也可以通过应用其他对象的过程或者可以通过固化对象视图的方法来创建。

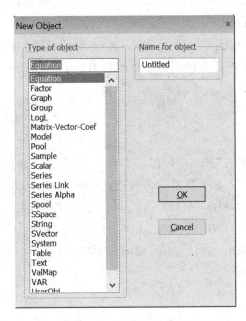

图 2-10　对象创建界面

六、选择对象

　　单击工作文件窗口中的对象图标即可选定对象，也可通过 EViews 主窗口或工作文件窗口上的 "View"菜单来选定对象，该菜单包括"Deselect All"（取消所有选定），"Select all"（选定所有对象），"Select by Filter"（限制条件选定）。

七、打开对象

　　可以通过双击或菜单 "View/Open as One Window"打开选定的对象。打开单个对象会出现对象窗口，打开选定的多个对象则会建立新的对象或把各个对象在各自相应的窗口打开。

八、显示对象

　　选择并打开对象的另一种方法是使用主菜单上的"Quick/Show"工作文件窗口中

的"Show"。假如在对话框中输入单个对象的名字就会打开该对象窗口;如果输入多个对象的名字,EViews 会打开一个窗口显示结果,在必要的时候还会创建一个新的对象。

九、对象窗口工具条

每个对象窗口都有一个工具条,不同对象的工具条的内容也不相同,但是有些按钮是相同的。"View"按钮用来改变对象窗口的视图形式,"Procs"按钮可以用来执行对象的过程,"Objects"按钮可以储存、命名、复制、删除、打印对象,"Print"按钮打印单前对象的视图,"Name"按钮允许命名或更改对象的名字,"Freeze"按钮可以以当前视图为准建立新的图形对象、表格对象或文本对象。

十、对象命名

对象窗口工具条中的"Name"可以给对象命名,其中"Display Name"是对象在图形或表格中显示的名字。如果要重命名对象可选择"Objects/Rename Selected"。序列对象不能用下面的名称:ABS, ACOS, AR, ASIN, C, CON, CNORM, COEF, COS, D, DLOG, DNORM, ELSE, ENDIF, EXP, LOG, LOGIT, LPT1, LPT2, MA, NA, NRND, PDL, RESID, RND, SAR, SIN, SMA, SQR, THEN。

十一、对象标签

对象标签可以显示详细的对象信息,可通过对象窗口中的"View/Label"打开窗口,如图 2-11 所示。

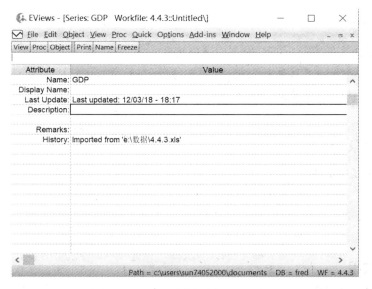

图 2-11　对象标签界面图

十二、对象复制

通过"Objects/Copy selected"可以把选定的对象拷贝到当前工作文件指定的对象中,若工作文件中没有该目标对象则创建一个新的对象;要想实现不同工作文件之间对象的复制可选主菜单上的"Edit/copy"从原工作文件中复制对象,然后打开目标工作文件选择主菜单上的"Edit/paste"。也可以通过单击右键选择"copy""paste"完成工作文件间复制。

十三、冻结对象

另一种复制对象中信息的方法是冻结对象。选择菜单"Object/Freeze Output"或"Freeze"按钮冻结对象。冻结对象是把对象当前视图以快照的方式保存在一个新的对象中。

十四、删除对象

选择菜单"Objects/Delete selected"或"Delete"可以删除选定的对象。

十五、打印对象

单击对象窗口中的"Objects/print"或"Print"可以打印选定的对象。

十六、储存对象

单击选择"Objects/Store selected to DB"或对应窗口中的"Objects/Store to DB"可以储存选定的对象到对象文件(扩展名为 * .db)或数据库中。单击"Objects/Fetch from DB"从对象文件或数据库中提取存储的对象。

十七、更新对象

单击"Objects/Update from DB"从对象文件或数据库中提取存储的对象用以更新当前对象。

● 第三节　数据处理

本节重点讨论序列和组的操作,矩阵、向量和标量留到命令和程序参考(Command and Programming Reference)中讨论。

一、序列与组

关于序列与组的操作主要有以下几项,如表 2-1 所示。

表 2-1　序列与组的主要操作

操作内容	操作方法
建立序列对象	(1)点击 EViews 主菜单中的"Objects/New Object",然后选择"Series"即可; (2)点击 EViews 主菜单中的"Objects/Generate Series",键入一个表达式,可形成一个新的序列
编辑列	点击序列名称或"Show"可以显示序列数据,然后点击"Edit+/-"按钮,可切换编辑状态。当处于可编辑状态时,可修改数据,按回车确定
改变样本区间	点击"Smpl+/-"按钮,可切换序列的样本区间为当前样本区间或工作区样本区间
插入/删除观测值	选中要插入或删除的单元,然后点击"Ins/Del"按钮,可以插入或删除
建立组对象	(1)点击 EViews 主菜单中的"Objects/New Object",然后选择"Group",键入序列表即可; (2)选择名和序列名后,点击"Show",可形成一个新的组
编辑	点击组名称或"Show"可以显示组中的数据,然后点击"Edit+/-"按钮,可切换编辑状态。当处于可编辑状态时,可修改数据,按回车确定
改变样本区间	点击"Smpl+/-"按钮,可切换序列的样本区间为当前样本区间或工作区样本区间

二、样本

(一)工作文件样本

工作文件的样本区间是建立工作区时设定的,重新设定需要双击"Range"后的时间区间。

(二)改变当前样本区间

单击工作文件中的"Objects/Sample"或"Sample"按钮,也可双击"Sample"后的样本区间,然后在对话框输入时间,可输入条件,使用数学表达式及 AND、OR 逻辑表达式。

(三)命令方式改变当前样本区间

如 Smpl 1980:1 2000:4 IF RC>3.6

三、输入数据

（一）键盘输入

在主菜单下，选择"Quick/Empty Group（Edit Serirs）"打开一个新序列后，在编辑状态下，通过键盘输入数据，并给定一个序列名。

（二）粘贴输入

通过主菜单中的"Edit/Copy"和"Edit/Paste"功能复制粘贴数据，注意粘贴数据的时间区间要和表单中的时间区间一致。

（三）文件输入

可以从其他程序建立的数据文件直接输入数据。点击主菜单中的"File/Import /Read Text-Lotus-Excel"或工作文件菜单中的"Procs/Import/Read Text-Lotus-Excel"，可以在 Windows 子目录中找到相关的文本文件或 Excel（.XLS）文件，点击后在出现的对话框中回答序列名，单击"OK"即可形成新序列，注意原数据文件的时间区间。

四、输出数据

（一）复制粘贴

通过主菜单中的"Edit/Copy"和"Edit/Paste"功能对不同工作文件窗口中的编辑菜单进行复制和粘贴。注意复制数据的时间区间要和粘贴的时间区间一致。

（二）文件输出

可以直接将数据输出成其他程序建立的数据文件类型。选中要存储的序列，单击主菜单中的"File /Export/Write Text-Lotus-Excel"或工作文件菜单中的"Procs/Export/Write Text-Lotus-Excel"后，可以在 Windows 子目录中找到存储的目录，文件类型选择"Text-ASCII"或"Excel（*.XLS）"，并给出文本文件名，点击后出现对话框，可键入要存储的序列名，单击"OK"即可形成一个新类型的文件，注意原数据文件的时间区间。

五、频率转换

工作文件中的数据都是一个频率的，但是从一个工作文件窗口向另一个不同数据频率的工作文件窗口拷贝数据，或者从数据库提取数据，就会出现频率转换的问题。数据频率转换方式有两种：从高频率数据向低频率数据转换，如月度数据向季度数据转换；从低频率数据向高频率数据转换，如季度数据向月度数据转换。在序列窗口的菜单中选择"View/Conversion Options"，从高频率数据向低频率数据转换，有六种选择：

（1）观测值的平均值；

（2）观测值的和；

（3）第一个观测值；

（4）最后一个观测值；

（5）观测值的最大值；

（6）观测值的最小值。

从低频率数据向高频率数据的转换，有六种插值方法：

（1）常数：与平均值相匹配；

（2）常数：与和相匹配；

（3）二次函数：与平均值相匹配；

（4）二次函数：与和相匹配；

（5）线性函数：与最后的值相匹配；

（6）三次函数：与最后的值相匹配。

六、命令

从已经存在的序列中建立一个新的序列的做法为：在 Series 或 Genr 命令后输入一个新序列的名字、一个等号和包括已存在序列的表达式：

$$series \quad logy = log(y)$$

这样产生一个名为 logy 的新序列，它是序列 y 的自然对数。建立一个新组的做法为：在 Group 命令后输入一个组名，包含在组中的一系列序列，它们之间用空格隔开：

$$group \quad rhs \ c \ x_1 \ x_2 \ z$$

建立一个名为 rhs 的组，它包含常数 c（a series of ones）和序列 x_1、x_2、z。为了观察序列或组，在 Show 命令后输入序列或组的名字：

$$show \quad logy$$

为了打开输入对话框，在 Read 命令后输入需要导入文件的完整名字（包括文件扩展名）：

$$read \quad c:\backslash date \backslash cps88.dat$$

为了打开输出对话框，在 Write 命令后输入需要导出文件的完整名字（包括文件扩展名）：

$$write \quad a:\backslash us \ macro.dat$$

关于 EViews 中命令和可利用选项的完整列表，见命令和程序参考部分。

第四节　数据的基本操作

一、使用表达式

EViews 提供了广泛的运算符集和庞大的内建函数库，其不仅提供了标准的数学运算和统计运算，也提供了很多能够自动处理时间序列中的先行、滞后、差分等操作的特殊函数。

（一）运算符

EViews 中包含的基本算术运算符分别是"+""-""＊""/""^（幂）"，运算的数可以写为整数形式、十进制形式和科学计数法的形式。另外"+""-"还可以作为符号运算符来使用。

（二）序列表达式

EViews 的表达式还可以对样本序列的观测值进行操作。

（三）序列函数

EViews 提供的函数能够对当前样本的序列元素进行运算，EViews 中大多数函数前都有一个"@"符号。

（四）序列元素

使用序列中的一个实际观测值。EViews 提供的@elem 函数可实现次操作，@elem 有两个参数：第一个参数是序列名，第二个参数是数据或观测值的标识符。

（五）逻辑表达式

逻辑表达式是用来计算真假值的。逻辑表达式能作为数学表达式的一部分、样本描述的一部分或在程序中作为 if 判断的一部分。注意：EViews 用 1 表示真，用 0 表示假。

（六）先行指标、滞后指标和差分

处理序列中的先行、滞后指标只要在序列名后加一对小括号，括号中写上先行滞后的数字即可。滞后的数字用负号表示，先行的用正数表示。括号中的数也可以不是整数，这时系统会自动把它转换成整数。如果转换不了系统会警告你。EViews 也有几个函数可以处理差分或先取对数后作差分。D 函数和 DLOG 函数就可以实现此功能。

（七）缺失数据

在处理数据时可能会遇到一些没有值或某一时段观测值没有用，或者进行了一些非法计算，EViews 使用空值 NA 表示这些情况。

二、序列的操作

表达式的一个主要用途是从一个存在的序列产生一个新序列或修正已存在的序列值。另外，表达式也允许进行复杂的数据传送，并可以保存新序列或已经存在序列对象的结果。

（一）建立一个新序列

选择"quick/generate series…"或者单击工作文件工具条上的"genr"按钮。

（二）基本的分配表达式

基本的分配表达式的表示方法为：写一个序列的名字后加一个"="，然后再写一个表达式。EViews 将会使用等号右边的表达式对每一个样本元素进行计算。并把相应的计算结果分配给等号左边的目的序列。如果等号右端是一个常量表达式,例如:Y = 3 把样本空间中的所有观测值用常量代换。

（三）使用样本

我们可以用表达式形式调整和使用已有样本的观测值,这时用"Genr"按钮。

（四）动态分配

我们可以使用在目的序列中滞后的值进行动态分配。

（五）暗示分配

我们可以通过表达式左端的简单的表达式来完成暗示分配。例如:$\log(y) = x$ 则按 $y = \exp(x)$ 计算。通常 EViews 只能处理:$+, -, *, /, \hat{}, \log(), xp(), sqr(), d(), dlog(), @inv()$ 这几种运算的暗示操作。另外,EViews 也不能蠡立在等号左边多次出现目标序列的情况。

（六）命令窗口的方式

我们可以使用命令在命令窗口中建立一个新序列,并为它们分配值。建立一个新序列,必须使用关键字"series"或"genr"。

三、自动序列操作

在表达式中可以使用一个表达式代替序列名字的位置。代替序列名的表达式称为自动序列。

（1）创建自动序列。创建自动序列可以单击"show"按钮或选择主菜单上的"quick/show…",EViews 会以表格形式打开一个序列窗口。自动序列的其他操作与其他序列。

（2）在组中使用自动序列选取主菜单上的"objects/new object/group"。

（3）处理组中的列强调的是组中存放的是构成这个组的序列的名字或是自动序列,而不包含序列中的数据。

（4）用自动序列进行估计。估计一个等式时,EView 允许操作者用自动序列作为估计的非独立变量。方法是在组名后加一个括号,括号中写入一个整数代表操作者要使用的组中的第几个序列。还有一些函数可以得到组中序列的个数及每个序列的名字,分别是"@count"和"@seriesname"。

四、序列生成组的操作

充列生成组用来计算相关矩阵、估计 VAR 模型、画 XY 图等。建组方法有两种:

（1）在 EViews 主菜单中选"object/new groups"后输入序列名称或表达式。

（2）"quick/show"后输入序列名称或表达式。

五、标量操作

标量与序列或组不同,没有显示窗口,只能通过命令方式来建立。例如:

$$scalar \ scalar\_name = number$$

除了这种形式等号右边也可以是表达式或是一个特殊的函数。如果想知道数量对象的值,可以使用 show 命令。这时系统会在 EViews 窗口底下状态行显示数量对象的值。

● 第五节　序列

本节介绍了序列的各种统计图、统计方法及过程,要求学生能够计算序列的各种统计量并用表单、图等形式表现出来,通过过程可以用原有的序列创建新的序列。这些过程包括季节调整、指数平滑和 Hodrick-Prescott 滤波。

打开工作文件,双击序列名或单击序列名后单击"show"即进入序列的对话框。单击"view"可看到菜单分为四个区。

一、表单和图示

(一)钉形图(Nail Map)

钉形图用直立的钉形柱显示数据。

(二)季度分区图/季度连线图(Quarterly Zoning Map/Quarterly Connection Map)

这些方法适用于频度为季度和月度数据的工作文件。季度分区图把数据按季度分成四个区。季度连线图是在同一坐标轴上把每年同一季度的数据连线显示。

二、描述统计量

(一)中位数(Median)

即从小到大排列的序列的中间值。

(二)标准差(Standard Deviation)

标准差衡量序列的离散程度。

(三)偏度(Skewness)

偏度衡量序列分布围绕其均值的非对称性。其计算公式为:

$$B_K = \frac{1}{n} \sum_{i=1}^{n} (y_i - \bar{y}))^K, SK = B_3 / B_2^{\frac{3}{2}}$$

其中:$\bar{y}$ 为 y_i 的算术平均数。

如果序列的分布是对称的,S 值为 0;正的 S 值意味着序列分布有长的右拖尾,负

的 S 值意味着序列分布有长的左拖尾。

（四）峰度（Kurtosis）

峰度度量序列分布的凸起或平坦程度，其计算公式为：

$$KU = (B_4/B_2^2)^{-3}$$

正态分布的 K 值为 3。如果 K 值大于 3，分布的凸起程度大于正态分布；如果 K 值小于 3，序列分布相对于正态分布是平坦的。

（五）雅克贝拉计量（Jarque-Bera）

Jarque-Bera 检验序列是否服从正态分布，其计算公式为：

$$JB = \frac{N-K}{6} \left[S^2 + \frac{1}{4} (K-3)^2 \right]$$

在正态分布的原假设下，Jarque-Bera 统计量是自由度为 2 的 χ^2 分布。直方图中显示的概率值是 Jarque-Bera 统计量超出原假设下的观测值的概率。如果该值很小，则拒绝原假设。当然，在不同的显著性水平下的拒绝域是不一样的。

三、统计量的检验

这是对序列均值、中位数、方差的单假设检验。两个样本的检验可参考下面的分类的相等检验（Equality test by classification），选择"View/tests for descriptive stats/simple hypothesis tests"菜单。

四、相关图

相关图显示确定滞后期的自相关函数以及偏相关函数。这些方程通常只对时间序列有意义。单击选择"View/Correlogram…"菜单后，显示对话框（Correlogram Specification）。

可选择原始数据一阶差分 $d(x) = x - x(-1)$ 或二阶差分 $d(x) - d(x(-1)) = x - 2x(-1) + x(-2)$ 的相关图，也可指定显示相关图的最高滞后阶数。在框内输入一个正整数，就可以显示相关图及相关统计量。

（一）自相关（AC）

序列 y 滞后 k 阶的自相关由下式估计：

$$r_k = \frac{\sum_{t=k+1}^{T} (y_t - \bar{y})(y_{t-k} - \bar{y})}{\sum_{t=1}^{T} (y_t - \bar{y})^2}$$

$\bar{y}$ 是样本 y 的均值，这是相距 k 期值的相关系数。如果 $r_1 \neq 0$，意味着序列是一阶相关。如果 r_k 随着滞后阶数 k 的增加而呈几何级数减小，表明序列服从低阶自回归过程。如果 r_k 在小的滞后阶数下趋于零，表明序列服从低阶动平均过程。

虚线之间的区域是由自相关中正负两倍于估计标准差所夹成的。如果自相关值在这个区域内，则在显著水平为 5% 的情形下与零没有显著区别。

（二）偏相关（PAC）

滞后 k 阶的偏相关是当 y_t 对 $y_{t-1}\cdots y_{t-k}$ 作回归时 y_{t-k} 的系数。如果这种自相关的形式可由滞后小于 k 阶的自相关表示，那么偏相关在 k 期滞后下的值趋于零。

一个纯的 p 阶自回归过程 $AR(p)$ 的偏相关在 p 阶截尾，而纯的动平均函数的偏相关过程渐进趋于零。

偏相关中的虚线表示的是估计标准差的正负 2 倍。如果偏相关落在该区域内，则在 5% 的显著水平下与零无显著差别（截尾）。

（三）Q-统计量

K 阶滞后的 Q-统计量是在原假设下的统计量，原假设为序列没有 k 阶的自相关。如果序列不是以 ARIMA 估计的结果为基础，在原假设下，Q 是渐近 χ^2 分布，自由度与自回归阶数相等。如果序列代表 ARIMA 估计的残差，合适的自由度就应调整，使之少于先前估计的 AR、MA 的阶数。

Q-检验经常用于检验一个序列是否白噪声。要注意滞后项选得过大或过小都不好。

五、单位根检验

Dickey-Fuller 和 Phillips-Perren 单位根检验可检验序列是否平稳。具体内容包括选择检验类型，决定单位根检验是否用原始数据、一阶差分、二阶差分，是否包括截距或趋势以及检验回归的滞后阶数。

六、标签

这部分是对序列的描述，除了 Last Update，操作者可以编辑序列标签中的任何项。Last Update 显示序列上一次修改的时间。每一部分包括一行，只有 Remarks and History 包括 20 行，注意如果填入了一行（在 20 行中），最后一行将被删除。

七、建立新序列

建立新序列的方式有两种：

（1）由方程创建。利用"Generate by Equation"创建，允许创建者使用已有序列的表达式来建立新的序列。

（2）重置样本 Resampling 从观测值中提取，建立一个新序列。

八、季节调整（Seasonal Adjustment）

在序列窗口的工具栏中单击"Procs/Seasonal Adjustment"，有四种季节调整方法：Census X12 方法、X-11 方法、移动平均方法和 TRAMO/SEATS 方法。

（一）Census X12 方法

调用 X12 季节调整过程即 Census X12 方法，Census X12 方法有五种选择框。

1.季节调整选择（Seasonal Ajustment Option）

（1）X11 方法（X11 Method）。这一部分指定季节调整分解的形式：乘法、加法、伪加法（此形式必须伴随 ARIMA 说明）。

（2）季节滤波（Seasonal Filter）。当估计季节因子时，允许选择季节移动平均滤波（可能是月别移动平均项数），缺省是 X12 自动确定的。近似地可选择（X11 default）缺省选择。

（3）趋势滤波［trend filter（Henderson）］。指定亨德松移动平均的项数，可以输入大于 1 和小于等于 101 的奇数，缺省时由 X12 自动选择。

（4）存调整后的分量序列名（Component Series to save）。X12 将加上相应的后缀存在工作文件中。

2.ARIMA 选择（ARIMA option）

X12 方法允许操作者在季节调整前对被调整序列建立一个合适的 ARMA 模型。可以在进行季节调整和得到用于季节调整的向前/向后预测值之前，先去掉确定性的影响，例如节假日和贸易日影响。

（1）数据转换（data transformation）。

（2）ARIMA 说明（ARIMA spec）。

允许操作者在两种不同的方法中选择 ARIMA 模型。

①Specify in-line 选择。要求提供 ARIMA 模型阶数的说明$(p,d,q)(P,D,Q)$，缺省的指定是"（0 1 1）（0 1 1）"是指季节的 IMA 模型：

$$(1-L)(1-L^s)y_t=(1-\theta_1 L)(1-\theta_s L^s)\varepsilon_t$$

L 是滞后算子，这里季节差分是指 $(1-L^s)y_t=y_t-y_{t-s}$ 季度数据时 $s=4$；月度数据时 $s=12$。

②Select from file X12。将从一个外部文件提供的说明集合中选择 ARIMA 模型。

③回归因子选择（Regressors）。允许操作者在 ARIMA 模型中指定一些外生回归因子，利用多选钮可选择常数项或季节虚拟变量，事先定义的回归因子可以捕捉贸易日和节假日的影响。

④ ARIMA 估计样本区间（ARIMA estimation sample）。

3.贸易日和节假日影响选择（trade day and holiday impact choice）（略）

4.外部影响（outlier effects）（略）

5.诊断（diagnostics）（略）

（二）X-11 方法

X-11 方法是美国商务部标准的调整方法，包括乘法模型和加法模型。乘法模型适用于序列可被分解为趋势项与季节项的乘积,加法模型适用于序列可被分解为趋势项与季节项的和。乘法模型只适用于序列值都为正的情形。

关于调整后的序列的名字,EViews 在原序列名后加 SA,可以改变序列名,并被存储在工作文件中。应当注意,季节调整的观测值的个数是有限制的。X–11 只作用于含季节数据的序列,需要至少 4 整年的数据,最多能调整 20 年的月度数据及 30 年的季度数据。

(三)移动平均方法

在季节调整中,建立模型对序列进行前向预测和后向预测,补充数据后经常使用移动平均法进行季节调整。移动平均法是将原时间数列的时间间隔扩大,并按选定的时间长度,采用逐次递移的方法对原时间数列计算一系列的序时平均数,这些平均数形成的新数列削弱或者消除了原时间数列由于短期偶然因素引起的不规则变动和其他成分,对原始时间数列起到一定的修匀作用。

(四)TRAMO/SEATS 方法

TRAMO(Time Series Regression with ARIMA Hoist)用来估计和预测具有缺失观测值、非平稳 ARIMA 误差及外部影响的回归模型。SEATS(Sigual Extraction in ARIMA Time Series)是基于 ARIMA 模型来对时间序列中不可观测成分进行估计。这两个程序往往联合起来使用,先用 TRAMO 对数据进行预处理,然后用 SEATS 将时间序列分解为趋势要素、循环要素、季节要素及不规则要素四个部分。

九、指数平滑

指数平滑是可调整预测的简单方法。当只有少数观测值时这种方法是有效的。单击选择"Procs/Exponential Smoothing"菜单,提供以下信息:

1.平滑方法

在五种方法中选择一种方法。

2.平滑参数

可以用 EViews 估计它们的值。在填充区内输入字母"e",EViews 估计使误差平方和最小的参数值。在填充区内输入参数值,所有参数值范围为 0~1。

3.平滑后的序列名

EViews 在原序列后加 SM 指定平滑后的序列名,也可以改变。

4.估计样本

估计样本必须指定预测的样本区间。缺省值是当前工作文件的样本区间。

5.季节循环

季节循环可以改变每年的季节数(缺省值为每年 12 个月、4 个季度)。

十、Hodrick-Prescott 滤波

假设经济时间序列为 $Y = \{y_1, y_2, \cdots, y_n\}$，趋势要素为 $T = \{t_1, t_2, \cdots, t_n\}$，$n$ 为样本长度。一般地，时间序列 y_i 中的不可观测部分趋势 t_i 常被定义为下面最小化问题的解：

$$\min \sum_{i=1}^{n} \{(y_i - t_i)^2 + \lambda [c(L)t_i]^2\} \tag{2-1}$$

其中，正实数 λ 表示在分解中长期趋势和周期波动占的权数，$c(L)$ 是延迟算子多项式。其计算公式为：

$$c(L) = (L^{-1} - 1) - (1 - L) \tag{2-2}$$

将公式(2-2)代入公式(2-1)，则 HP 滤波的问题就是使下面损失函数最小，即：

$$\min \sum_{i=1}^{n} \left\{(y_i - t_i)^2 + \lambda \sum_{i=1}^{n} [(t_{i+1} - t_i) - (t_{i+1} - t_{i-1})]^2\right\}$$

最小化问题用 $[c(L)t_i]^2$ 来调整趋势的变化，并随着 λ 的增大而增大。这里存在一个权衡问题，要在趋势要素对实际序列的跟踪程度和趋势光滑度之间做一个选择。$\lambda = 0$ 时，满足最小化问题的趋势等于序列 y_i；λ 增加时，估计趋势中的变化总数相对于序列中的变化减少，即 λ 越大，估计趋势越光滑；λ 趋于无穷大时，估计趋势将接近线性函数。

选择"Procs/Hodrick Prescott Filter"，首先对平滑后的趋势序列给一个名字，EViews 将默认一个名字，但你也可填入一个新的名字。然后给定平滑参数 λ 的值，一般经验为，λ 的缺省值如下：

$$\lambda = \begin{cases} 100 & \text{年度数据} \\ 1\,600 & \text{季度数据} \\ 14\,400 & \text{月度数据} \end{cases}$$

平滑参数 λ 不允许填入非整数的数据。单击"OK"后，EViews 与原序列一起显示处理后的序列。

十一、命令

命令的语法结构为：序列名称、圆点、视图或过程名，再加上括号里的可选项。比如，如果要察看序列名为 lwage 的直方图和描述统计量，则命令形式为 lwage.hist；如果要检验序列 HRS 的均值是否等于 3，则命令形式为 hrs.teststat(mean = 3)；如果要得到序列 GDP 滞后 20 阶的相关图，则命令形式为 gdp.correl(20)。如果要用 HP 滤波光滑序列 GDP，参数为 1 600，并且光滑后的序列保存为 GDP_HP，则命令格式为 gdp.hpf(1 600) gdp_hp。

第六节　组

这一节描述了组对象的视图与过程。对一个组我们可以计算各种统计量,描述不同序列之间的关系,并以各种方式显示出来,如表格、数据表、图等。

一、组窗口

组窗口内的 view 下拉菜单分为四个部分:第一部分包括组中数据的各种显示形式;第二部分包括各种基本统计量;第三部分为时间序列的特殊的统计量;第四部分为标签项,提供组对象的相关信息。

二、组成员

这部分显示组中的序列,在组窗口内进行编辑就可以改变组。按"Update Group"键保存改动。

三、表格

以表格形式显示组中的每一序列。通过单击"Transpose"键,可以使表格的行列互换。单击"Transform"键,选择下拉菜单中一项,可以用序列的不同形式(如水平或百分比)显示表格。

四、数据表

(一)数据表

数据表(Dated data table)用来建立表以显示数据、预测值和模拟结果。可以不同的形式显示组中的数据。可以用数据表作一般的变换及频率转换,可以在同一表中以不同频率显示数据。

(二)建立一个数据表

要建立一个数据表,首先建立一个包含序列的组,选"View/ Dated data table"菜单。

(三)表的设定

单击"Taboption"按钮,显示"Table options"对话框,对话框的上半部分控制表一般形式。左边的选项允许操作者在两种显示模式中转换:第一种显示模式每行显示 n 年的数据;第二种模式允许操作者指定从工作文件样本区间的末尾取出的观测值的数目,这些观察值以年频率之外的一种频率显示。

29

对话框右上部"First Column"描述组的第一列的显示频率,"Second Column"控制组的第二列的显示。

五、图

以图形的形式显示组中的序列,可以通过 freeze 创造图形对象。

(一)图(Graph)

图(Graph)将所有序列显示在一个图内。

1.曲线图和直方图(Curve and Histogram)

此项用曲线图或直方图表示组中的序列。

2.散点图(Scatter Plot)

序列的散点图有五个选项:simple scatter、scatter with regression、scatter with nearest neighbor fit、scatter with kernel fit、XY Pairs。

3.XY 线(XY Line)

XY 线是显示组中序列的 XY 线图。X 轴方向显示第一个序列,Y 轴方向显示其余的序列。

4.差距条状图(Error Bar)

此项以竖线显示组中前两个或三个序列的差距。第一个序列作为高值,第二个作为低值。高、低值之间用竖线连接。第三个序列用一个小圆圈表示。

5.高低点图[High-low(Open-Close)]

第一个序列是高值,第二个序列是低值,高值和低值之间由一条竖线连接。如果高点值低于低点值,就以线段上的空白来表示。如果使用三个序列,第三个序列作为高-低-收盘图的 close 值,以竖线右边的横线表示。如果使用四个序列,第三个序列代表开盘价,以左边的横线表示。第四个序列代表收盘价,以右边的横线表示。

6.圆饼图(Pie Chart)

圆饼图是以圆饼图的形式显示观测值,以饼中的扇形表示每一序列在组中所占的百分比。

(二)复合图(Multiple graphs)

图(Graph)用一张图显示所有序列,复合图(Multiple graphs)则为每个序列显示一张图。复合图主要有:曲线图和直方图、散点图、XY 线、分布图。

六、描述统计量

显示组内序列的简单统计量。Common Sample 用于在组中序列无缺失值的情形下计算统计量(去掉包含缺失项所在时期的样本)。Individual Samples 用每一个序列有值的观测值进行统计量计算(去掉缺失项)。

七、相等检验

这一部分的原假设是组内所有的序列具有相同的均值、中位数或方差。只有在组中数据都不存在缺失项时才能选 Common Sample 项。

八、相关、协方差及相关图

相关和协方差显示了组中序列的相关及协方差矩阵。Common Sample 会去掉序列丢失项所在时期的观察值，Pairwise Sample 仅去掉丢失的值。

九、交叉相关

显示组中头两个序列的交叉相关。交叉相关不必围绕滞后期对称。交叉相关图中的虚线是 2 倍的标准差，近似计算 $\pm 2\sqrt{T}$。

十、Granger 因果检验

Granger 因果检验主要看现在的 y 能够在多大程度上被过去的 y 解释，然后再加入 x 的滞后值是否使解释程度提高。如果 x 在 y 的预测中有帮助，那就是说 y 是由 x Granger-caused。具体操作为：选择 Granger Causality，在对话框输入滞后阶数。一般要使用大一些的滞后阶数，操作时需要指定滞后期长度 i。EViews 采用二元回归形式对所有组内可能的对 (x,y)，F 统计量为具有联合假设的 Wald 统计量，联合假设为 $\beta_1 = \beta_2 = \cdots = \beta_l$。对每个方程，原假设为在第一个回归中 x 不 Granger-cause y，第二个回归中 y 不 Granger-cause x。对其他外生变量（如季节 dummy 变量或线性趋势）进行 Granger Causalilty 检验可以直接用方程进行检验回归。

十一、标签

标签显示对组的描述。除了 Last Update，标签中的任何项都可以编辑。Name 是组在工作文件中显示的名字，编辑这一项可以给组重命名。如果在 Display Name 区中填入字符，EViews 将用这个名字在组中显示某些图和表。

十二、组过程

组中可以得到三个过程：

（1）建立方程（Make Equation）：打开一个确定方程的对话框，组中的第一个序列作为因变量，其余的序列作为自变量，包含常数项 C。操作者可以随意改变方程的表达式。

（2）建立向量自回归模型（Make Vector Autoregression）：打开一个无限制的"vector

autoregression"对话框。组中所有的序列在 VAR 中都为内生变量。

（3）重置样本（Resample）：可以改变组中所有序列的样本区间。

十三、命令

利用命令也可对组进行操作。一般规则是：组名后加点、视图或过程的命令名，括号中是指定选项。比如，grp1.scat 可以得到一个组（grp1）的散点图；gp_wage.testbet（med）可以检验组（gp_wage）中各序列的均值是否相等；grp_macro.cross（12）可以得到两个序列到 12 阶的交叉相关系数。

⬤ 第七节　应用于序列和组的统计图

在本节中，列出了几种散点图且允许我们可以用有参数或无参数过程来做拟合曲线图。

一、序列的图菜单

（一）CDF-Surivor-Quantile 图

这个图描绘出带有加或减两个标准误差带的经验累积分布函数，残存函数和分位数函数。操作过程为：依次选择"View/Distribution Graphs/CDF-Surivor-Quantile"。

CDF 是来自于序列中观测值 r 的概率，$F_x(r) = prob(x \leqslant r)$。

Surivor（残存）操作用来描绘序列的经验残存函数，$S_x(r) = prob(x > r) = 1 - F_x(r)$。

Quantile（分位数）操作用来描绘序列的经验分位数。对 $0 \leqslant q \leqslant 1$，X 的分位数 $x_{(q)}$ 满足：$prob(x \leqslant x_{(q)}) \leqslant q$ 且 $prob(x > x_{(q)}) \leqslant 1 - q$。

All 选项包括 CDF、Survivor 和 Quantile 函数。

Saved matrix name 可以允许将结果保存在一个矩阵内。

Iclude standard errors（包括标准误差）操作标绘接近 95% 的置信区间的经验分布函数。

（二）Quantile-Quantile 图

Quantile-Quantile（QQ 图）对于比较两个分布是一种简单但重要的工具。如果这两个分布是相同的，则 QQ 图将在一条直线上。如果 QQ 图不在一条直线上，则这两个分布是不同的常见分布。常见的分布有 Normal（正态）分布、Uniform（一致）分布、Exponential（指数）分布、Logistic（螺线）分布、Extreme value（极值）分布。

（三）Kernel Density（核密度）

这个视图标绘出序列分布的核密度估计。核密度估计用"冲击"代替了直方图中的"框"所以它是平滑的。平滑是通过给远离被估计的点的观测值以小的权重来达到的。

一个序列 X 在点 x 的核密度估计式：

$$f(x) = \frac{1}{Nh} \sum_{i=1}^{N} K(\frac{x - X_i}{h})$$

这里，N 是观测值的数目，h 是带宽或平滑参数，K 是合并为一体的核函数。

操作方法为：选择"View/Astribution Graphs/Kernel Density…"。

二、带有拟合线的散点图

通过"View/Graph/Scatter"打开一个组的视图菜单包括四种散点图。

（一）简单散点图（Simple Scatter）

其第一个序列在水平轴上，其余的在纵轴上。

（二）回归散点图（Scatter with Regression）

这就是在组中对第一个序列及第二个序列进行总体变换来进行二元回归，选择 Regression Robustness lterations（稳健迭代）。

最小二乘法对一些无关观测值的存在非常敏感，稳健迭代操作就是产生一种对残差平方的加权形式，使无关的观测值在估计参数时被加最小的权数。选择迭代次数应是一个整数。

（三）最邻近拟合散点图（Scatter with Nearest Neighber Fit）

这就是一种带宽基于最邻近点的局部回归。对样本中的每一数据点，它拟合出一条局部的并经加权的回归线。

1.Method 操作

操作者可以选择在样本中的每一个数据点作局部回归或在数据点的子集中作局部回归。

（1）Exact（full sample）在样本中的每一数据点都作局部回归。

（2）Cleveland subsampling 在选取的子样本中进行回归，操作者可以在编辑框中键入子样本的大小。

2.Specification 操作

操作者可以靠子样本点周围的点来进行局部回归，并求拟合值。

（1）带宽范围（Bandwidth span）。

（2）多项式次数（Polynomial degree）。

3.其他操作

（1）局部加权［Local weighting（Tricube）］。给每个局部回归的观测值加权，加权回归使残差方最小。

（2）稳健迭代（Robustness Iterations）。通过调整权数去降低外离的观测值的权重来迭代局部回归。

（3）Symmetric Neighbors（对称邻近）使被估计点的两侧有相同数目的观测值。

（四）Scatter with Kernel Fit（核拟合分布）

核拟合则固定带宽且局部的观测值通过核函数来加权。局部核回归拟合通过选取参数 β 使总体二乘残差最小。

Method 则与核分布中介绍相一致，也分为精确和线性单元两种方式。

Fitted series 可以在编辑框中给拟合后序列起名，然后存起来。

Bracket Bandwidth 即为 0.5α、α、1.5α，还是分别以_L、_M、_H 做后缀。

函数命令：

$$lwage.cdfplot(a)$$

表示对序列 LWAGE 做 CDF，quantile 和 survive 函数。

$$lwage.kdensity(k=n)$$

表示对序列 LWAGE 做核密度估计，核函数用正态，带宽自动选取。

$$Lwage.kdensity(k=e,b=.25)$$

表示对序列做核密度估计，核函数操作选缺省项，带宽为 0.25，并且为加括号带宽。

$$group\ aa\ lwage\ age$$
$$aa.linefit\ (yl,xl)$$

表示建立一个组包括序列 LWAGE 和 AGE，再经过对两个序列的对数变换然后进行回归。

$$aa.linefit(yl,d=3)$$

对 Y 轴上的序列经对数变换，且次数取 3 来拟合 X 轴上的序列。

$$aa.nnfit$$

表示在组 aa 中进行最邻近点拟合。

$$aa.kerfit$$

表示在组 aa 中进行核拟合。

三、图、表和文本对象的制作

EViews 的对象（序列、组、方程等）可以用图、表、文件等形式表现出来。在 EViews 中可以通过 freezing（固化）将当前的视图保护起来。固化一个视图将产生一个对象。本书描述了制作图、表和文本对象的表现形式的方法。

（一）创建图

通常，我们依靠固化一个视图来创建图对象。操作方法为单击对象窗口的 Freeze 键。在一个序列的菜单中选择"View/Graph/line"，可以显示该序列的线形图。单击"Freeze"键，可将该图保留下来。EViews 将创建一个包含该视图的瞬象的 Untitled

图。要将 Untitled 图保存在工作文件中,必须先为这个图对象命名;按"Name"键,并键入一个名字。

借助 EViews 软件还可以创建一个包括两个或更多已命名的图对象的组合对象。只要选择所有需要的图,然后双击。另一个组合图的方法是选择"Quick/Show…"然后键入这些图的名字。

(二)修改图

选定图对象的一个元素,双击,弹出"Graph Option"对话框,就可以对该元素进行编辑。

(1)改变图的类型。"Type"允许改变图的类型。如果选择了"Line & amp""Symbol"和"Spike & amp""Symbol"类型,用"Line & amp""Symbols"键来控制线的模式和/或代表模式。对于柱状图和饼状图,使用"Bars & amp""Pies"键来控制它们的外型。"Error Bar"类型显示具有标准误差的统计。"High-Low(Open-Close)"类型显示了四个序列。"Stack lines & amp""bar"选项可以绘制序列组中所有序列之和的序列。

(2)改变图的大小、轴、尺度和说明。General 键控制图的基本的显示属性。"Axe & amp"和"Scaling"键,改变或编辑轴。"Legend"键,编辑图的说明。注意,如果将文本和说明放在用户特定(绝对)位置上,改变图框架的大小时,它们的相对位置也会改变。

(3)制定"Lines & amp""Symbol / Bars & amp""Pies Lines & amp""Symbols"键用来控制与图中的数据相关的所有的线和图例的绘制。"Bars & amp""Pies"键控制柱状和饼状图的显示属性。

(4)添加和编辑文本。添加新的文本,只需点击工具栏中的"AddText"键或选择"Procs/Add text…"。修改一个已有文本,只需双击该文本。会弹出文本标签对话框,在编辑框中键入想要显示的文本。"Justification"选项决定相对于每一条线,多条线如何排列。"Text in Box"给标签加一个框。"Font"可以用来从标签中选择字体。"Position"确定文本的位置。可以通过选择文本框并把它拖到选定的位置上来改变图中的文本位置。

(5)绘制线和阴影。在一个图对象中,点击工具栏中的"Shade/Lined"键或选择"Procs/Add shading…Line&amp""Shading",就可以绘制线或在图中加上一块阴影。

(6)删除图中的元素。图的工具栏中的"Remove"键可以删除一个被固化的图中的元素。

(7)图的模板。首先,为将要制作成模板的图对象命名。其次,单击你想使用模板的工具栏中的"Template"键,并输入这个图对象的名字。

(三)多个图

由多个图构成的视图组也可以通过 Freeze 将其变成图对象。对多个图进行操作的方法有两种。

1.对多个图进行操作

从图菜单中选择"Prcos"，EViews 就会显示一个含有选项的菜单。"Options on all graphs"指给所有图设置一个统一的属性。"Position and align graphs"指对所有图进行整体排列并控制图之间的所有间距。"Add shading to all graphs"指为对象中的每个图绘制线或添加阴影。"Add text"指允许为多个图的组合作注解。

2.对单个图进行操作

点击目标图，选择"Procs"或点击鼠标右键，就会出现一个菜单，它允许操作者设置选项，添加阴影或删除所选图。还可以通过按图工具栏中的"Remove"键对所选图进行删除。

(四)打印图

点击视图或图对象窗口的工具栏上的"Print"按钮来打印图，并可以使用主菜单上"File/Print Setup"来控制打印操作。如果想使用彩色打印机打印彩色的图，一定要检查"Print in color"框以确保图中的线用彩色来代替。如果打印黑白图则不必。

用 PostScript 文件打印图，应从任务栏中选择"Start/Settings/Printers"。双击"Add Printer"，单击"Next""Local"，选择"PostScript"打印机，然后选择 FILE：命令 Windows 打印文件，告诉 Windows 你是否想用缺省打印机。

(五)将图对象拷贝到其他的 Windows 程序中

EViews 图可以直接并入 Windows 文字处理程序中的文档。先击活这个图的对象窗口，然后点击 EViews 主菜单上"Edit/Copy"，就会出现"Copy Graph as Metafile"对话框。

(六)表

表选项可以从"Procs"菜单或者工具栏中的按钮中获得。"Font（字体）"允许选择在表中使用的字体。"Insert--Delete(InsDel)"在指定位置进行插入删除操作。"Column Width(Width)"用来改变列的宽度。

"Number Cell Format(Number)"用来设置数字的格式。"Fixed characters"用来指定所有数值的位数。"Fixed decimal"只规定小数点后的位数。"Column Width"增加栏宽。"Justification(Justify)"进行数字和文本的排列整理。

"Horizontal Lines(Lines)"在指定区域添加或移动水平线。"Grid+/-"设置格栏的开关。"Title"在表顶部的中间加标题。"Edit+/-"打开或关闭编辑状态，这决定是否可以在表中编辑文本或数字。

(七)拷贝表对象到其他 Windows 程序

可以将一个表剪切粘贴到电子表格或文字处理软件中。激活表中要拷贝的部分，然后从主菜单中选"Edit/Copy"，就会弹出一个对话框，该对话框提供复制表中数字的选项。选"Edit/Paste"在指定位置进行粘贴。一些文字处理程序提供了将内容作为非格式化文件粘贴到剪切板中的选项。如果想将表粘贴为非格式化的文本，可以选"Edit/Paste Special"。

（八）文本对象

可以通过选择"Objects/New object/Text"或在命令框中键入"text"来建立一个空白文本对象。

（九）命令

freeze 命令固化了已命名对象具体的视图。在固化命令后,在括号中为已固化的对象提供了一个名字。例如,被固化的序列的直方图的名字为 LWAGE,而它的图形对象的名字为 LW_HIST,键入"freeze（lw_hist）lwage.hist",将组 GRP1 的散点图 freeze 重命名为一个名称为 GRA1 的图对象,键入"freeze（gra1）grp1.scat",合并名称为 GRA1 和 GRA2 的两个图对象并命名为一个图对象 BIGGRA,键入"freeze（biggra）gra1 gra2",详细内容请参见命令与程序说明。

第三章　基本回归模型

本章介绍 EViews 中基本回归技术的使用。

● 第一节　方程对象

创建方程对象的方法为：从主菜单选择"Object/New Object/Equation""Quick/Estimation Equation…"或者在命令窗口中输入关键词"equation"，如图 3-1 所示。

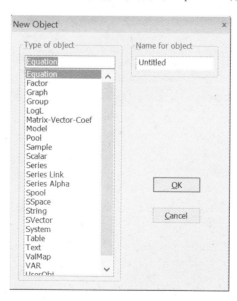

图 3-1　对象创建界

第二节 在 EViews 中对方程进行说明

一、列表法

列表法即列出在方程中要使用的变量列表(因变量、表达式和自变量)。EViews 在回归中不会自动包括一个常数,因此必须明确列出作为回归变量的常数。EViews 创建说明列表的操作步骤为:先选定因变量和自变量,然后双击,再选"Open/Equation",带有变量名的说明对话框就会出现。

二、公式法

EViews 中的公式是一个包括回归变量和系数的数学表达式。EViews 会在方程中添加一个随机附加扰动项并用最小二乘法估计模型中的参数。要创建新的系数向量,选择"Object/New Object…"并从主菜单中选择"Matrix/Vector/Coef",为系数向量输入一个名字。在"New Matrix"对话框中,选择"Coefficient Vector"并说明向量中应有多少行。

第三节 在 EViews 中估计方程

一、估计方法

单击"Method"进入对话框,下拉菜单中的显示了估计方法列表,如图 3-2 所示。

二、估计样本

EViews 会用当前工作文档样本来填充对话框,使用者可以通过在编辑框改变样本。如果估计中使用的任何一个序列的数据丢失了,EViews 会临时调整观测值的估计样本以排除掉这些观测值。

三、估计选项

EViews 提供很多估计选项,如图 3-2 所示。这些选项支持以下操作:对估计方程加权,计算异方差性等,控制估计算法的各种特征。

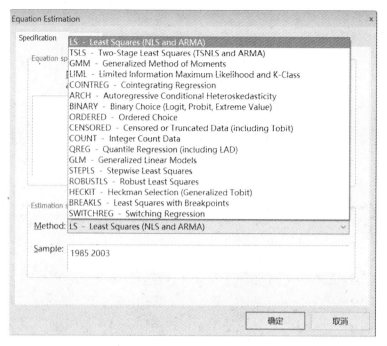

图 3-2　方程估计界面

第四节　方程输出

根据矩阵的概念，标准的回归方程可以写作：$Y = X\beta + \varepsilon$。

一、系数结果

（一）回归系数

最小二乘估计的系数 β 是由以下的公式计算得到的：

$$\hat{\beta} = (X'X)^{-1}X'Y$$

（二）标准差

标准差项列出了系数估计的标准差。估计系数的协方差矩阵是由以下公式计算得到的：

$$\text{Cov}(\hat{\beta}) = \sigma^2 (X'X)^{-1}, \ \hat{\sigma}^2 = \frac{e'e}{n - k - 1}, \ e = y - X\hat{\beta}$$

可以通过选择"View/Covariance Matrix"项来察看整个协方差矩阵。

（三）t-统计量

t 统计量是通过系数估计值和标准差之间的比率来计算，它是用来检验系数为零的假设的。

（四）概率

结果的最后一项是在误差项为正态分布或系数估计值为渐近正态分布的假设下，指出 t 统计量与实际观测值一致的概率。这个概率称为边际显著性水平或 p 值。

二、统计量总结

（一）R^2 统计量

R^2 统计量衡量在样本内预测因变量值的回归是否成功。EViews 计算 R^2 的公式为：

$$R^2 = 1 - \frac{\hat{\varepsilon}'\hat{\varepsilon}}{(y - \bar{y})'(y - \bar{y})}$$

（二）调整 R^2

使用 R^2 作为衡量工具存在的一个问题是在增加新的自变量时 R^2 不会减少。调整后的 R^2 通常解释为 $\bar{R}^2$，消除 R^2 中对模型没有解释力的新增变量。计算方法如下：

$$\bar{R}^2 = 1 - (1 - R^2)\frac{n - 1}{n - k - 1}$$

（三）回归标准差

回归标准差是在残差的方差的估计值基础之上的一个总结。计算方法如下：

$$s = \sqrt{\frac{e'e}{n - k - 1}}$$

（四）残差平方和

残差平方和可以用于很多统计计算中：

$$e'e = \sum_{i=1}^{T}(y_i - X_i\beta)^2$$

（五）对数似然函数值

对数似然计算如下：

$$l = -\frac{T}{2}\big[1 + \log(2\pi) + \log(\hat{\varepsilon}'\hat{\varepsilon}/T)\big]$$

（六）Durbin-Watson 统计量

D-W 统计量衡量残差的序列相关性，计算方法如下：

$$d = \frac{\sum_{t=2}^{n}(e_t - e_{t-1})^2}{\sum_{t=1}^{n}e_t^2}$$

作为一个规则，如果 DW 值小于 2，证明存在正序列相关。

（七）因变量均值和标准差

y 的均值和标准差由下面标准公式算出：

$$S_y = \sqrt{\sum_{t=1}^{T} (y_t - \bar{y})^2 / (T - 1)}$$

(八)AIC 准则

计算公式如下:

$$AIC = -2l/T + 2k/T$$

(九)Schwarz 准则

Schwarz 准则是 AIC 准则的替代方法,它引入了对增加系数的更大的惩罚:

$$SC = -2l/T + (k\log T)/T$$

(十)F 统计量和边际显著性水平

F 统计量检验回归中所有的系数是否为零(除了常数或截距)。对于普通最小二乘模型,F 统计量由下式计算:

$$F = \frac{R^2/(k-1)}{(1-R^2)/(T-k)}$$

F 统计量下的 P 值,即 Prob(F-statistic),是 F 检验的边际显著性水平。

三、回归统计

估计结果中的回归统计存储在方程中,通过特殊的@ 函数可以得到。操作者可以使用函数的各种表达形式得到任何统计量以深入分析。@ 函数有两种:返回标量和返回矩阵或向量。EViews 中回归统计中的方程界面如图 3-3 所示。

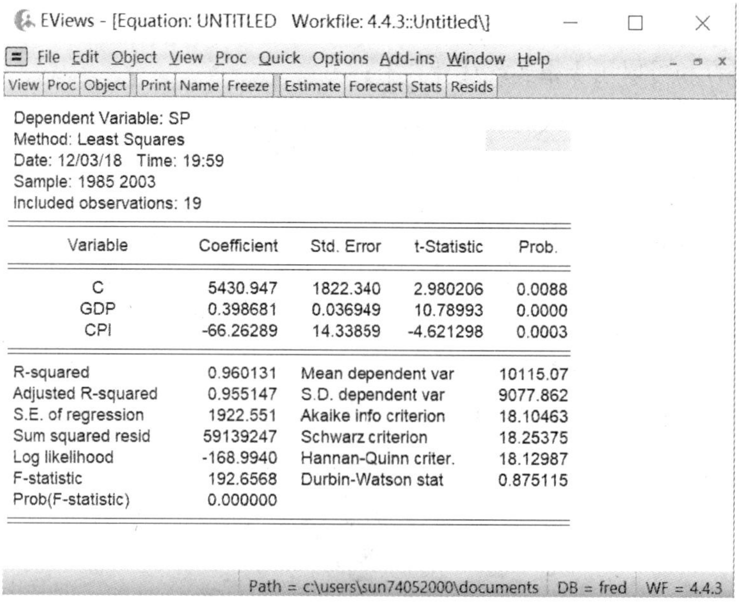

Dependent Variable: SP
Method: Least Squares
Date: 12/03/18 Time: 19:59
Sample: 1985 2003
Included observations: 19

Variable	Coefficient	Std. Error	t-Statistic	Prob.
C	5430.947	1822.340	2.980206	0.0088
GDP	0.398681	0.036949	10.78993	0.0000
CPI	-66.26289	14.33859	-4.621298	0.0003

R-squared	0.960131	Mean dependent var	10115.07
Adjusted R-squared	0.955147	S.D. dependent var	9077.862
S.E. of regression	1922.551	Akaike info criterion	18.10463
Sum squared resid	59139247	Schwarz criterion	18.25375
Log likelihood	-168.9940	Hannan-Quinn criter.	18.12987
F-statistic	192.6568	Durbin-Watson stat	0.875115
Prob(F-statistic)	0.000000		

图 3-3 回归统计方程界面

第五节 方程操作

一、方程视图

方程对象窗口中的视图菜单中的选项分别是方程显示(有三种形式):显示方程结果、因变量的实际值和拟合值及残差、描述目标函数的梯度和回归函数的导数计算的信息、显示系数估计值。

二、方程过程

过程菜单中的选项分别是修改说明、用估计方程预测、创建一个与被估计方程有关的未命名模型、把方程系数的估计值放在系数向量中、创建一个包含方程中使用的所有变量的未命名组、在工作文档中以序列形式保存回归中的残差。

三、缺省方程

我们可以把方程的结果储存起来以便在以后的大量计算中使用。未命名方程不能储存在工作文档中。你可以使用方程工具栏中的"Name"按钮来命名方程。工作文档被存储时,方程也会被存储。

四、方程的残差

缺省方程的残差存储于 RESID 的序列对象中。RESID 可以像普通序列一样直接使用。

五、回归统计量

@ 函数可以指向前面描述的各种回归统计量。

六、存储和获取一个方程

方程可以和其他对象一起以数据或数据库文件形式存放在磁盘中。操作者也可以从这些文件中取出方程。方程也可以从文档或数据库中拷贝粘贴出来或拷贝粘贴到数据库或文档中。

七、使用系数的估计值

方程系数列在说明窗口中。缺省时, EViews 会使用系数变量 C。

第四章　其他回归方法

本章讨论加权最小二乘法估计、异方差性和自相关一致协方差估计、两阶段最小二乘法估计(TSLS)、非线性最小二乘法估计和广义矩估计(GMM)。

🔘 第一节　加权最小二乘法估计

假设有已知形式的异方差性,并且有序列 W,其值与误差标准差的倒数成比例。这时可以采用权数序列为 W 的加权最小二乘法估计来修正异方差性。加权最小二乘法估计量为:

$$b_{wls} = (X^t \ W^t WX)^{-1} \ X^t \ W^t \ W_y$$

要使用加权最小二乘法估计方程,先在主菜单中选择"Quick/Estimate Equation…",然后选择"LS-Least Squares(NLS and ARMA)"(见图 4-1),然后按"Options"按钮。接着,单击"Weighted LS/TSLS"选项在"Weighted"项后填写权数序列名,单击"确定",再选"确定"接受对话框并估计方程(见图 4-2)。

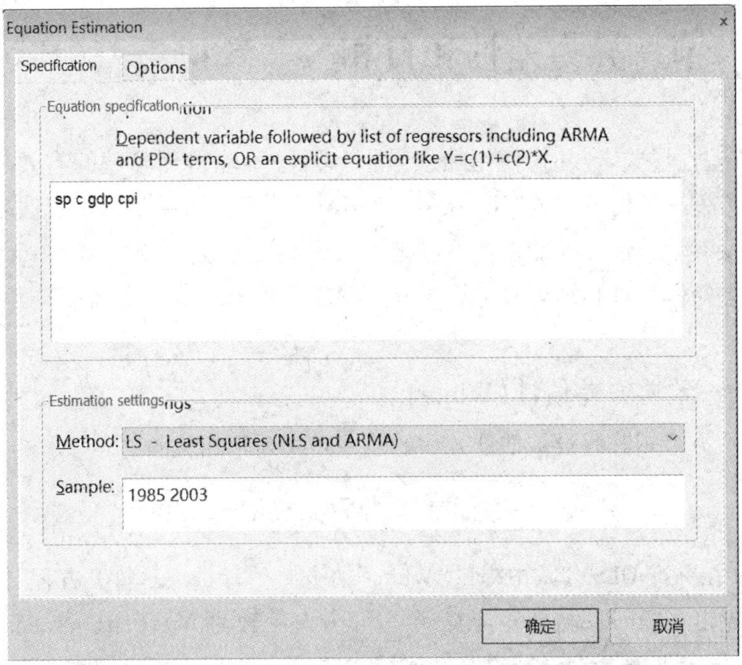

图 4-1　方程估计界面

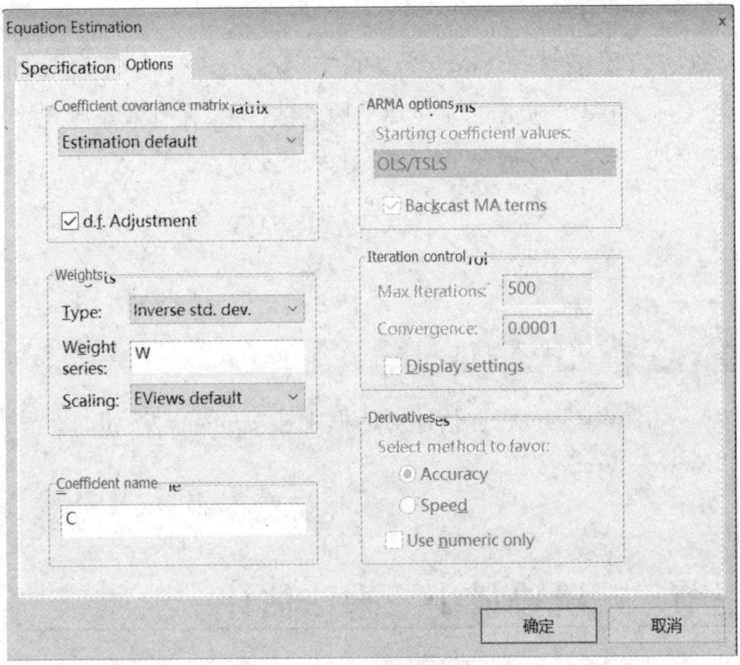

图 4-2　方程估计界面

第二节　异方差性和自相关一致协方差（HAC）

当异方差性形式未知时，使用加权最小二乘法不能得到参数的有效估计。使用"White"异方差一致协方差或"Newey-West HAC"一致协方差估计不会改变参数的点估计，只改变参数的估计标准差。可以把加权最小二乘法估计与"White"或"Newey-West"协方差矩阵估计相结合来计算异方差和序列相关。

一、异方差一致协方差估计（White）

White 协方差矩阵假设被估计方程的残差是序列不相关的。

$$\hat{\sum}_w = \frac{T}{T-k}(X'X)^{-1}\left(\sum_{t=1}^{T}u_t^2\,x_t\,x_t'\right)(X'X)^{-1}$$

EViews 在标准 OLS 公式中提供"White"协方差估计选项。打开方程对话框，说明方程，然后点击"Options"按钮。接着，单击异方差一致协方差（Heteroskedasticity Consistent Covariance），选择"White"按钮，接受选项估计方程。

在输出结果中，EViews 会包含一行文字说明使用了 White 估计量。

二、HAC 一致协方差估计（Newey-West）

Newey 和 West（1987）提出了一个更一般的估计量，在有未知形式的异方差和自相关存在时仍保持一致。Newey-West 估计量为：

$$\hat{\sum} = \frac{T}{T-k}(X'X)^{-1}\hat{\Omega}(X'X)^{-1}$$

其中

$$\hat{\Omega} = \frac{T}{T-k}\left\{\sum_{t=1}^{T}\mu_t^2 x_t x_t' + \sum_{v=1}^{q}\left(\left(1-\frac{v}{q+1}\right)\sum_{t=v+1}^{r}(x_t\mu_t\mu_{t-v}x_{t-v}' + x_{t-v}\mu_{t-v}\mu_t x_t')\right)\right\}$$

要使用"Newey-West"方法，在估计对话框中按"Options"按钮。在异方差一致协方差项中选"Newey-West"按钮。

第三节　二阶段最小二乘法估计

一、EViews 中进行 TSLS 估计

二阶段最小二乘法（TSLS）是工具变量回归的特例。在二阶段最小二乘法估计中有两个独立的阶段。在第一个阶段中，TSLS 找到可用于工具变量的内生和外生变量。

这个阶段包括估计模型中每个变量关于工具变量的最小二乘法回归。第二个阶段是对原始方程的回归,所有变量用第一个阶段回归得到的拟合值来代替。这个回归的系数就是 TSLS 估计。两阶段最小二乘法估计的系数由下式计算出来:

$$b_{TSLS} = (X^t Z (Z^t Z)^{-1} Z^t X)^{-1} X^t Z (Z^t Z)^{-1} Z^t y$$

要使用两阶段最小二乘法估计,打开方程说明对话框,选择"Object/New Object/Equation…"或"Quick/Estimate Equation…"然后选择"Method"中的 TSLS 估计。

第四节　非线性最小二乘法估计

假设回归方程为:

$$y_t = f(x_t, \beta) + \varepsilon_t$$

其中 f 是解释变量 x_t 和参数 β 的非线性函数。

对于任何系数非线性的方程 EViews 自动应用非线性最小二乘法估计。只要选择"Object/New Object/Equation",然后输入方程并单击"OK"。EViews 会使用迭代算法估计模型。

迭代估计要求模型系数有初始值。选择参数初始值没有通用的法则。越接近于真值越好。开始迭代估计时,EViews 使用系数向量中的值,很容易检查并改变系数的初始值。要察看初始值,双击系数向量。如果想改变初始值,先确定系数表使处于编辑状态,然后输入系数值,也可以从命令窗口使用 PARAM 命令设定初始系数值。只需输入关键词"PARAM",然后是每个系数和想要的初值:

param c(1) 153 c(2).68 c(3) .15

第五节　广义矩方法

广义矩方法(GMM)估计的初始值是参数应满足的一种理论关系。其思想是选择参数估计尽可能接近理论上关系。把理论关系用样本近似值代替,并且估计量的选择就是要最小化理论值和实际值之间加权距离。参数要满足的理论关系通常是参数函数 $f(\theta)$ 与工具变量 z_t 之间的正则条件:

$$E[f(\theta)'Z] = 0,\ \theta\ 是被估计参数$$

GMM 估计量选择参数估计的标准是使工具变量与函数 f 之间的样本相关性越接近于 0 越好。用函数表示为:

$$J(\theta) = [m(\theta)]' A [m(\theta)]$$

其中 $m(\theta) = f(\theta)'Z$,A 是加权矩阵;任何对阵正定阵 A 都是 θ 的一致估计。

要用 GMM 法估计方程,或者用"Object/New Object/Equation"创建新方程,或者在已有的方程基础上选"Estimate"按钮。从说明对话框中选择估计方法 GMM。要得到 GMM 估计,应该写出矩条件作为参数表达式和工具变量之间的正交条件。

第六节　对数极大似然估计

为了能解决一些特殊的问题,EViews 提供了对数极大似然估计这一工具来估计各种不同类型的模型。对数极大似然估计提供了一个一般的、开放的工具,可以通过这个工具极大化相关参数的似然函数对一大类模型进行估计。

使用对数极大似然估计时,我们用 EViews 的序列生成器,将样本中各个观测值的对数似然贡献描述为一个未知参数的函数。可以给出似然函数中一个或多个参数的解析微分,也可以让 EViews 自动计算数值微分。EViews 将寻找使得指定的似然函数最大化的参数值,并给出这些参数估计的估计标准差。下面我们将详细论述对数极大似然估计,并说明其一般特征。

一、概论

用对数极大似然估计来估计一个模型,主要的工作是建立一个用来求解似然函数的说明文本。似然函数的说明只是一系列对序列的赋值语句,这些赋值语句在极大化的过程中被反复的计算。我们所要做的是写下一组语句,在计算时,这些语句将描述一个包含每个观测值对似然函数贡献的序列。

我们简单地回顾一下线性回归模型的对数极大似然估计方法。多元线性回归模型的一般形式为:

$$y_t = \beta_0 + \beta_1 x_{1t} + \beta_2 x_{2t} + \cdots + \beta_k x_{kt} + \varepsilon_t \quad t = 1, 2, \cdots\cdots, T$$

其中,k 是解释变量个数,T 是观测值个数,随机扰动项 $\varepsilon_t \sim N(0, \sigma^2)$,设模型的参数估计量已经求得为 $\hat{\beta}_0, \hat{\beta}_1, \cdots, \hat{\beta}_k$,那么 y_t 服从如下的正态分布:

$$y_t \sim N(\mu_t, \sigma^2)$$

其中 $\mu_t = \beta_0 + \beta_1 x_{1t} + \beta_2 x_{2t} + \cdots + \beta_k x_{kt}$

Y 的随机抽取的 T 个样本观测值的联合概率为:

$$L(\beta) = P(y_1, y_2, \cdots, y_T)$$

$$= \frac{1}{(2\pi)^{T/2} \sigma^T} e^{-\frac{1}{2\sigma^2} \sum_{t=1}^{T} (y_t - \mu_t)^2}$$

这就是变量 Y 的似然函数。对似然函数求极大值和对对数似然函数求极大值是等价的,对数似然函数为:

$$logL = -\frac{T}{2}\log(2\pi\sigma^2) - \frac{1}{2\sigma^2}\sum_{t=1}^{T}(y_t - \mu_t)^2$$

以只含一个解释变量的方程为例。假定知道模型参数的真实值,并且想用 EViews 产生一个包含每个观测值的贡献的序列。可以将已知的参数赋值给系数向量的 c(1) 到 c(3) 元素,然后把下面的赋值语句作为 EViews 的命令或程序来执行:

Series res = y−c(1)−c(2) ∗ x

Series var = c(3)

Series logL1 = −log(2 ∗ 3. 141 59 ∗ var)/2−(res^2/var)/2

前面两行语句描述了用来存储计算时的中间结果的序列。第一个语句创建了残差序列 res,而第二个语句创建了方差序列 var。而序列 logL1 包含了每个观测值的对数似然贡献的集合。EViews 将对不同参数值重复执行说明中的赋值语句,使用迭代法来求使得对数似然贡献最大的一组参数值。当 EViews 再不能提高全部的似然贡献时,它将停止迭代并在估计输出中报告最终参数值和估计标准差。

二、似然说明

创建似然对象的操作过程为:选择"Objects/New Object…/LogL"或者在命令窗口输入"logL"。似然窗口将打开一个空白说明视图。说明视图是一个文本窗口,在这个窗口里可以输入描述统计模型的说明语句,还可以设置控制估计程序各个方面的选项。

(一)似然的定义

正如概论中所描述的那样,似然说明的主线是一系列赋值语句,在计算时,这些赋值语句将产生一个包含样本中每个观测值的对数似然贡献的序列。赋值语句的多少可以由自己决定。

每个似然说明都必须包含一个控制语句,该语句命名了保存似然贡献的序列。语句的格式为:

@ logL series_name

这里"series_name"是保存似然贡献的序列的名字,可以写在似然说明的任何位置。

如果想在估计完成后删除说明中的一个或多个序列,可以使用@ temp 语句:

@ temp series_name1 sereis_name2 …

这个语句告诉 EViews 在对说明的计算完成后,删除列表中的序列。

(二)参数名

在上面的例子中,我们使用了系数 c(1) 到 c(3) 作为未知参数的名称。更一般的,出现在说明中一个已命名的系数向量中的每一个元素都将被视为待估参数。可以使用不同的系数向量,用命令创建命名的系数向量,如 coef(4) beta,则定义了 beta

（1）、beta（2）、beta（3）、beta（4）四个待估计系数。例如，似然说明可写为：

@ logL logL1

res＝y−beta（1）−beta（2）∗x−beta（3）∗z

var＝beta（4）

logL1＝log（@ dnorm（res/@ sqrt（var）））−log（var）/2

由于说明中的已命名的系数向量的所有元素都将被视为待估参数，必须确定所有的系数确实影响了一个或多个似然贡献的值。如果一个参数对似然没有影响，那么在试图进行参数估计时，将遇到一个奇异错误。注意除了系数元素外所有的对象在估计过程中都将被视为固定的，不可改变的。例如，假定 omega 是工作文件中一个已命名的标量，如果将子表达式 var 定义如下：var＝omega，EViews 将不会估计 omega，omega 的值将被固定在估计的开始值上。

（三）估计的顺序

logL 说明包含了一个或多个能够产生包含似然贡献的序列的赋值语句。在执行这些赋值语句的时候，EViews 总是从顶部到底部执行，所以后面计算要用到的表达式应放在前面。

EViews 对整个样本重复地计算每个表达式。EViews 将对模型进行重复计算时采用方程顺序和样本观测值顺序两种不同方式，要用方程顺序来计算，仅加一行关键字"@ byeqn"，则 EViews 将先用所有的观测值来计算第一个赋值语句，然后用所有的观测值计算第二个赋值语句，……。要用样本顺序来计算，可以用关键字"@ byobs"，EViews 用观测值顺序来计算模型，此种方式是先用第一个观测值来计算所有的赋值语句，接下来是用第二个观测值来计算所有的赋值语句，如此往复，直到估计样本中所有观测值都使用过。如果没有给出计算顺序关键字，那么系统默认为"@ byobs"。

（四）解析导数

默认情形下，当极大化似然函数和形成标准差的估计时，EViews 计算似然函数关于参数的数值微分。可以用@ deriv 语句为一个或多个导数指定解析表达式，该语句格式为：

@ deriv pname1 sname1 pname2 sname2…

其中，pname 是模型中的一个参数名称，而 sname 是由模型产生的对应的导数序列的名称。

（五）导数步长

如果模型的参数没有指定解析微分，EViews 将用数值方法来计算似然函数关于这些参数的导数。

@ derivstep 可以用来控制步长和在每次迭代时计算导数的方法。关键字@ derivstep 后面必须设置三项：被设置的参数名（或用关键字@ all 代替）、相对步长、最小步长。默认的最小步长被设置为机器 ε 的平方根（$1.49e^{-8}$），而最小步长为 $m = 10^{10}$。

三、估计

定义了一个似然对象后,可以在似然窗口工具栏中单击"Estimate",打开估计对话框。

（一）初值

默认情况下,EViews 使用储存在系数向量或已估计的其他系数向量中的值。如果在说明中用了@ param 语句,那么就使用该语句指定的值来代替。

（二）估计样本

在估计对数似然函数的参数时,EViews 在"Estimation Option"对话框里指定当前工作文件的观测值样本,需根据滞后次数重新确定样本区间。

四、LogL 视图

（1）likelihood Specification：显示定义和编辑似然说明的窗口。

（2）Estimation Output：显示通过最大化似然函数得到的估计结果。

（3）Covariance Matrix：显示参数估计的协方差矩阵。这是通过计算在最优参数值下一阶导数的外积的和的逆求得的。可以用@ cov 这个函数将其保存为(SYM)矩阵。

（4）Wald Coefficient Test：执行 Wald 系数限制检验。

（5）Gradients：如果模型没有被估计,显示当前参数值下 logL 的梯度（一阶导数）视图,若模型已经被估计,则显示收敛的参数值下 logL 的梯度视图。处理收敛问题时,这些图将成为有用的鉴别工具。

（6）Check Derivatives：如果使用了@ param 语句,显示在初值下数值微分和解析微分（如果可获得）的值,如果没有使用@ param 语句,则给出在当前值下数值微分和解析微分的值。

五、LogL 过程

（1）Estimate：弹出一个设置估计选项的对话框,并估计对数似然函数的参数。

（2）Make Model：建立一个估计对数似然函数说明的未命名的模型对象。

（3）Make Gradient Group：在参数估计值下创建一个未命名的对数似然函数的梯度组（一阶导数）。这些梯度常用来构造拉格朗日乘数检验。

（4）Update Coefs from LogL：用似然函数对象得出的估计值来更新系数向量。通过该过程,极大似然估计结果可以作为其他估计问题的初始值。

这些过程大多数和 EViews 的其他估计对象相似。本书着重介绍 LogL 对象所独有的特征。

（一）估计输出

LogL 对象的标准输出除了包含系数和标准差估计外,还描述了估计的方法、估计使用的样本、估计的日期和时间、计算顺序以及估计过程收敛的信息。

(二)梯度

梯度概要、图表、表格视图可以检查似然函数的梯度。如果模型尚未估计,那么就在当前参数值下计算梯度,若模型已经估计出来了,就在收敛的参数值下计算。

第七节　系统估计

本节讲述的内容是估计联立方程组参数的方法,包括最小二乘法 LS、加权最小二乘法 WLS、似乎不相关回归法 SUR、二阶段最小二乘法 TSLS、加权二阶段最小二乘法 W2LS、三阶段最小二乘法 3LS、完全信息极大似然法 FIML 和广义矩法 GMM 等估计方法。

一、理论背景

模型系统就是一组包含未知数的方程组。以一个由国内生产总值(Y)、居民消费总额(C)、投资总额(I)、政府消费额(G)和短期利率(r)等变量构成的简单的宏观经济系统为例:

$$
\begin{cases}
\log C_t = \alpha_0 + \alpha_1 \log Y_t + \alpha_2 \log C_{t-1} + \alpha_3 \log r_{t-1} + \varepsilon_{1t} \\
\log I_t = \beta_0 + \beta_1 \log Y_t + \beta_2 \log I_{t-1} + \beta_3 \log r_{t-2} + \varepsilon_{2t} \\
Y_t = C_t + I_t + G_t
\end{cases}
$$

其中,前两个方程是行为方程,第三个方程表示国内生产总值在假定进出口平衡的情况下,由居民消费、投资和政府消费共同决定,是一个衡等方程,也称为定义方程。这就是一个简单的描述宏观经济的联立方程模型。在联立方程模型中,对于其中每个方程,其变量仍然有被解释变量与解释变量之分。但是对于模型系统而言,已经不能用被解释变量与解释变量来划分变量。对于同一个变量,在这个方程中作为被解释变量,在另一个方程中则可能作为解释变量。对于联立方程系统而言,将变量分为内生变量和外生变量两大类,外生变量与滞后内生变量又被统称为前定变量。一般的联立方程系统形式是:

$$
f(y_t, x_t, \beta) = \varepsilon_t
$$

这里 y_t 是一个内生变量向量,x_t 是外生变量向量,ε_t 可以是序列相关的扰动项向量。估计的任务是寻找参数向量 β 的估计量。

EViews 提供了估计系统参数的两类方法。一类方法是使用单方程法对系统中的每个方程分别进行估计。第二类方法是同时估计系统方程中的所有参数,这种同步方法允许对相关方程的系数进行约束并且使用能解决不同方程残差相关的方法。这里,应该区分系统和模型的差别。模型是一组描述内生变量关系的已知方程组,给定了模型中外生变量的值可以使用模型对内生变量求值。

二、系统估计方法

下面的讨论是以线性方程组成的平衡系统为对象的,但是这些分析也适合于包含非线性方程的非平衡系统。若一个系统,含有 M 个方程,用分块矩阵形式表示如下:

$$\begin{bmatrix} y_1 \\ y_2 \\ \vdots \\ y_M \end{bmatrix} = \begin{bmatrix} X_1 & 0 & \cdots & 0 \\ 0 & X_2 & \cdots & 0 \\ \vdots & \vdots & & \vdots \\ 0 & 0 & \cdots & X_M \end{bmatrix} \begin{bmatrix} \beta_0 \\ \beta_1 \\ \vdots \\ \beta_M \end{bmatrix} + \begin{bmatrix} \varepsilon_1 \\ \varepsilon_2 \\ \vdots \\ \varepsilon_M \end{bmatrix} :$$

这里 y_m 是 T 维向量, x_m 是 $T\times km$ 矩阵, β_m 是 km 维的系数向量,误差项 ε 的协方差矩阵是 $MT\times MT$ 的方阵 V。我们简单地将其表示为:

$$y = X\beta + \varepsilon$$

在标准假设下,系统残差的协方差阵为:

$$V = E\varepsilon\varepsilon' = \sigma^2 I_M \otimes I_T$$

公式中算子 $\otimes$ 表示克罗内克积(Kronecker Product),简称叉积。还有一些残差方差的结构不满足标准假设。首先,不同方程的残差可能是异方差的;其次,它们除了异方差还可能是同期相关的。我们可以定义不同的 $M \times M$ 的同期相关矩阵 Σ 来对这两种情况进行区分,Σ 的第 i 行第 j 列的元素是 $\sigma_{ij} = E\varepsilon_{it}\varepsilon_{jt}$,对所有 t 都成立。如果残差是同期不相关的,若 $i \neq j$,则 $\sigma_{ij} = 0$,V 可以写成:

$$V = diag(\sigma_1^2, \sigma_2^2, \cdots \sigma_M^2) \otimes I_T$$

更普遍的是,如果残差是异方差且同期相关的,则 V 可以写成:

$$V = \Sigma \otimes I_T$$

最一般的情况是存在异方差、同期相关的同时,残差是自相关的,残差的方差矩阵应写成:

$$V = \begin{bmatrix} \sigma_{11}\Omega_{11} & \sigma_{12}\Omega_{12} & \cdots & \sigma_{1M}\Omega_{1M} \\ \sigma_{21}\Omega_{21} & \sigma_{22}\Omega_{22} & \cdots & \sigma_{2M}\Omega_{2M} \\ \vdots & \vdots & & \vdots \\ \sigma_{M1}\Omega_{M1} & \sigma_{M2}\Omega_{M2} & \cdots & \sigma_{MM}\Omega_{MM} \end{bmatrix}$$

这里,Ω_{ij} 是第 i 个方程和第 j 个方程的自相关矩阵。系统中方程可以是线性的也可以是非线性的,还可以包含自回归误差项。下面是各种估计方法。

(一)普通最小二乘法(Ordinary Least Squares, LS)

这种方法是在联立方程中服从关于系统参数的约束条件的情况下,使每个方程的残差平方和最小。如果没有这样的参数约束,这种方法和使用单方程普通最小二乘法估计每个方程式一样的。

（二）加权最小二乘法（Weighted Least Squares，WLS）

这种方法通过使加权的残差平方和最小来解决联立方程的异方差性，方程的权重是被估计的方程的方差的倒数，来自未加权的系统参数的估计值。如果方程组没有联立约束（参数、异方差），该方法与未加权单方程最小二乘法产生相同的结果。

（三）似乎不相关回归（Seemingly Unrelated Regression，SUR）

该方法也称作多元回归法或 Zellner 法，既考虑到异方差性也考虑到不同方程的误差项的相关性。对联立方程协方差阵的估计是建立在对未加权系统的参数估计基础上的。注意到因为 EViews 考虑了联立方程间的约束，所以可以估计更为广泛的形式。

（四）二阶段最小二乘法（Two-Stage Least Squares，TSLS）

二阶段最小二乘法是前面描述的单方程二阶段最小二乘估计的系统形式。当方程右边变量与误差项相关，但既不存在异方差，误差项之间又不相关时，STSLS 是一种比较合适的方法。EViews 在实施联立方程约束同时，对未加权系统的每个方程进行二阶段最小二乘法估计，如果没有联立方程的约束，得到的结果与未加权单方程的二阶段最小二乘法结果相同。

（五）加权二阶段最小二乘法（Weighted Two-Stage Least Squares，WTSLS）

该方法是加权最小二乘法的二阶段方法。当方程右边变量与误差项相关并且存在异方差但误差项之间不相关时，WTSLS 是一种比较合适的方法。EViews 先对未加权系统进行二阶段最小二乘，根据估计出来的方程的方差求出方程的权重，如果没有联立方程的约束，得到的一阶段的结果与未加权单方程的最小二乘结果相同。

（六）三阶段最小二乘法（Three-Stage Least Squares，3SLS）

该方法是 SUR 的二阶段最小二乘法。当方程右边变量与误差项相关并且存在异方差，同时残差项相关时，3LSL 是有效方法。EViews 对未加权系统进行二阶段最小二乘法，并实施任何联立方程参数的约束。得到的估计结果被用来形成完全联立方程的协方差矩阵估计，用估计的协差矩阵转换方程，以消除联立方程误差项之间的相关。最后 TSLS 被用于转换后的模型。

（七）完全信息极大似然法（Full Information Maximum Likelihood，FIML）

在同期误差项假定为联合正态分布的情况下，FIML 估计出似然函数，如果似然函数能准确描述，该方法非常有效。FIML 是一种系统估计方法，同时处理所有的方程和所有的参数。

（八）广义矩法（Generalized Method of Moments，GMM）

该方法是 M-估计法的一种，即使判别函数最小化。因为不需要知道扰动项的确切分布信息，所以该方法很实用。GMM 估计基于假设方程组中的扰动项和一组工具变量不相关。GMM 估计是将准则函数定义为工具变量与扰动项的相关函数，使其最小化得到的参数为估计值。如果在准则函数中选取适当的权数矩阵，广义矩法可用于解决方程间存在异方差和未知分布的残差相关。

三、建立和说明系统

(一)建立系统

建立了工作文件后,单击"Object/New Object/system"或者在命令窗口输入"system",系统对象窗口就会出现,如果是第一次建立系统,窗口是空白的,在指定窗口输入方程。

规则1:方程组中,变量和系数可以是非线性的。通过在不同方程组中使用相同的系数进行约束。

规则2:系统方程可以包含自回归误差项(注意不是MA、SAR或SMA误差项),用系数来说明每一个AR项(方括号、等号、系数、逗号)。

规则3:方程中的等号可以出现在方程的任意位置。

规则4:如果方程没有误差项,则该方程就是恒等式,系统中不应该含有这样的方程,如果必须有的话,应该先解出恒等式将其代入行为方程。

规则5:应该确信系统中所有扰动项之间没有衡等的联系,即应该避免联立方程系统中某些方程的线性组合可能构成与某个方程相同的形式。

(二)工具变量

如果用2LS、3LS或者GMM来估计参数,必须对工具变量做出说明。说明工具变量有两种方法:若要在所有的方程中使用同样的工具,说明方法是以inst开头,后面输入所有被用作工具变量的外生变量。例如:

inst gdp(-1 to-4) x　gov

如果系统估计不需要使用工具,则这行将被忽略。若要对每个方程指定不同的工具,应该在每个方程的后面附加"@"并且后面输入这个方程需要的工具变量。例如:

cs=c(1)+c(2)*gdp+c(3)*cs(-1) @ cs(-1) inv(-1) gov

inv=c(4)+c(5)gdp(-1)+c(6)*gov @ gdp(-1) gov

(三)附加说明

不管是否说明,常数总是被作为每个方程的工具变量,方程右边的所有外生变量都应该被列出来作为工具变量,方程右边的变量至少要与所列的工具变量一样多。

(四)初始值

如果系统中包括非线性方程,可以为部分或所有的参数指定初始值,可以用param开头的语句来设定。例如:param c(1).15　b(3).5是为c(1)和b(3)设定初值。如果不提供初值,EViews使用当前系数向量的值。

(五)系统估计

创建和说明了系统后,单击工具条的"Estimate"键,在弹出的对话框中选择估计方法和各个选项。

(六)迭代控制

对于WLS、SUR、W2LS、3LS、GMM估计法和非线性方程的系统,有附加的估计问题,包括估计 GLS 加权矩阵和系数向量。

1.一次确定加权矩阵

(1)选项"Iterate coefs to convergence"是缺省选项,EViews 使用一阶段迭代得到的残差形成一个加权矩阵,并保持不变。在过程的第二阶段,EViews 使用估计的加权矩阵估计新的系数。如果模型是非线性的,EViews 迭代系数估计直到收敛。

(2)选项"Update coefs once",在第一阶段估计系数并构成加权矩阵的估计量。在第二阶段,只进行系数的一步迭代。

2.迭代权数和系数选择(Iterate Weights and Codfs)

(1)选项"Simultaneous",每次迭代都更新系数和加权矩阵,直到系数和加权矩阵都收敛。

(2)选项"Sequential",反复执行上述 1.(1)中的缺省方法,直到系数和加权矩阵都收敛。

3.2SLS Estimates/GMM S.E

异方差或残差相关同时存在时能估计有效的协方差和标准误差。

4.GMM-Time series(HAC)项

如果选择了"GMM-Time series(HAC)"项,对话框将会增加选项来说明加权矩阵:

选项"Prewhitening",在估计之前运行一个初步的 VAR(1)从而"吸收"矩条件中的相关性。

选项"Kernel Option",计算加权矩阵时自协方差的权重由 Kernel 函数决定。

选项"Bandwidth selection",自协方差的权重给定后,权重如何随着自协方差的滞后而变化由该选项决定。如果选择"Fixed"项,可以输入带宽值或输入 nw 从而使用 Newey 和 West 的固定带宽选择准则。

5.Option 选项

在"Option"选项中,可以设定估计的选项,包括收敛标准,最大的迭代次数和导数计算的设定。

(七)估计结果输出

系统估计输出的结果包括系统参数估计值、标准差和每个系数的 t 统计值。另外,EViews 还给出了残差的协方差矩阵的行列式的值;对于 FIML 估计法,还提供它的极大似然值。除此之外,EViews 还给出了每个方程的简要的统计量,如 R^2、Durbin-Wstson 统计值、回归标准差、残差平方和等。

四、系统的应用

得到估计结果后,系统对象提供了检查结果的工具,依次进行参考和详细讨论。

1.系统的查看(View)

系统的查看与单方程的查看相类似。

View/System Specification：显示系统说明窗口，也可以通过直接单击菜单中的 Spec 来显示。

Views/Estimation Output：显示系统的估计值和统计量，也可以直接单击菜单中的 Stats 来显示。

Views/Residuals/Graph：显示系统中每个方程的残差图形。

Views/Residuals/Correlation Matrix：计算每个方程残差的同步相关系数。

Views/Residuals/Covariance Matrix：计算每个方程残差的同步协方差。

View/Coefficient Covariance Matrix：查看估计得到的协方差矩阵。

View/Wald Coefficient Tests…：做系数假设检验。

Views/Endognous Table：列出系统中所有的内生变量。

Views/Endognous Table：列出系统中所有的内生变量的图形。

2.系统的过程(Procs)

系统与单方程的显著区别是系统的 Procs 内没有预测，如果要进行模拟或预测，必须使用模型对象。

Procs/Make Model：EViews 将打开由已估计系统转化的模型(参数已知)，然后可以用这个模型进行模拟和预测。

Procs/Estimate…：打开估计系统的对话框，也可以通过直接单击 Estimate 进行估计。

Procs/Make Residuals：显示系统中每个方程的残差项序列。

Procs/Make Endogenous Group：建立包含内生变量的未命名的组对象。

五、命令

如要建立一个系统，在 system 后面输入系统名：system demand1。这样就建立一个名为 demand1 的系统，如果要对系统进行估计，在系统名后输入一个点并输入估计系统所需要的估计方法如输入：sys1.fiml，就可以对系统 sys1 用完全信息极大似然法进行估计。如要获得建立系统对象所需的完整命令表和选项请参考命令和语法参考。

第五章　方程预测

本章介绍用回归方法估计的方程对象对一个单方程进行预测或计算拟合值的过程。

● 第一节　EViews 中的方程预测

为预测方程的因变量,在方程对象的工具栏中单击"Forecast"按钮或选择"Procs/Forecast⋯"。

然后应提供以下信息:

(1)序列名(Sequence name):将所要预测的因变量名填入编辑框中。EViews 默认了一个名字,但可以将它变为任意别的有效序列名。注意序列名应不同于因变量名。

(2)S.E.(Optional)用于是否将预测标准差项保存。

(3)预测方法(Prediction method):动态法、静态法。

(4)结构(Structural)用于是否忽略方程中的任何 ARMA 项。

(5)样本区间(Sample range):缺省时,为工作文件样本,可自行输入。

(6)输出(Output):可以选择以表输出或数值输出,或两者同时都输出预测或拟合值。

第二节 预测基础

一、计算预测值

在做出方程估计后,单击"Forecast"按钮,给定预测期,然后单击"OK"。对预测期内的所有观测值,应该确保等号右边外生变量值有效。如果预测样本中有数据丢失,对应的预测值将为 NA。

二、缺失项调整

对于存在缺失项的预测,如果是静态预测,则对预测没有很大影响;但对于动态预测而言,缺失项的存在将导致其后的所有值都为 NA。

三、预测的误差和方差

预测的误差就是实际值和预测值之差:$e_t = y_t - x_t'\hat{\beta}$。

四、残差不确定性

测量误差的标准形式是回归标准差(在输出方程中用"S.E. of regression"表示),残差的不确定性是预测误差的主要来源。

五、系数不确定

系数不确定是误差的又一来源。系数的不确定的影响程度由外生变量决定,外生变量超出它们的均值越多,预测的不确定性越大。

六、预测可变性

预测的可变性由预测标准差来衡量:

$$forecast\ se = s\sqrt{1 + x_t'\ (X'X)^{-1}x_t}\ (\text{不含滞后因变量或 ARMA 项})$$

其中,s 为回归标准差。如果赋给预测标准差一个名字,EViews 将在相关的工作文件中计算并保存一个预测标准差序列。

七、预测效果评估

这里介绍几个主要的统计指标:

(1)均方根误差:$\sqrt{\dfrac{1}{h+1}\sum_{t=S}^{S+k}(\hat{y}_t - y_t)^2}$

（2）平均绝对误差：$\dfrac{1}{h+1}\sum\limits_{t=S}^{S+k}|\hat{y}_t-y_t|$

（3）平均相对误差：$\dfrac{1}{h+1}\sum\limits_{t=S}^{S+k}\left|\dfrac{\hat{y}_t-y_t}{y_t}\right|$

（4）泰勒不等系数：$\dfrac{\sqrt{\dfrac{1}{h+1}\sum\limits_{t=S}^{S+k}(\hat{y}_t-y_t)^2}}{\sqrt{\dfrac{1}{h+1}\sum\limits_{t=S}^{S+k}y_t^2}+\sqrt{\dfrac{1}{h+1}\sum\limits_{t=S}^{S+k}\hat{y}_t^2}}$

（1）和（2）预测误差值由因变量规模决定。它们应该被作为相对指标来比较同样的序列在不同模型中的预测结果。误差越小，该模型的预测能力越强。

预测均方差可以为：

$$\sum(y_t-\bar{y})^2=(\bar{\hat{y}}_t-\bar{y})^2+(s_{\hat{y}}-s_y)^2+2(1-r)s_{\hat{y}}s_y$$

其中，$\bar{\hat{y}}_t,\bar{y},s_{\hat{y}},s_y$ 分别为 $\hat{y}$ 和 y 的平均值和标准差，r 为 $\hat{y}$ 和 y 的相关系数。该比值被定义为：

（1）偏差比：$\dfrac{(\bar{\hat{y}}_t-\bar{y})^2}{\sum(y_t-\bar{y})^2/h}$，表明预测均值与序列实际值的偏差程度。

（2）方差比：$\dfrac{(s_{\hat{y}}-s_y)^2}{\sum(y_t-\bar{y})^2/h}$，表明预测方差与序列实际方差的偏离程度。

（3）协方差比：$\dfrac{2(1-r)s_{\hat{y}}s_y}{\sum(y_t-\bar{y})^2/h}$，衡量非系统误差的大小。

● 第三节　含有滞后因变量的预测

对于含有滞后因变量的预测，EViews 提供了两种方法：动态预测和静态预测。

一、动态预测

预测样本的初始值将使用滞后变量 Y 的实际值，而在随后的预测中将使用 Y 的预测值。在动态预测中，预测样本初值的选择非常重要。动态预测是真正的多步预测（从第一个预测样本开始），因为它们重复使用滞后因变量的预测值。这些预测可能被解释为利用预测样本开始时的已知信息计算的随后各期的预测值。动态预测要求预测样本中外生变量的各个观测值已知，并且任何滞后因变量预测样本的初值已知。

解释变量如有缺失项,通过滞后因变量的动态预测,将使对应期观测值及以后观测值为 NA。

二、静态预测

EViews 采用滞后因变量的实际值来计算预测值。静态预测要求外生变量和任何滞后内生变量在预测样本中的观测值可以获得。

对比这两种方法在多期预测中生成的第一期结果相同。只有在存在滞后因变量或 ARMA 项时,两种方法以后各期的值才不同。

● 第四节　含有 ARMA 误差项的预测

一、结构预测

EViews 以默认的方式利用估计出的 ARMA 结构预测残差值。如果希望 ARMA 误差项总为零,那么单击"Structural(ignore ARMA)",选择结构预测,EViews 在计算预测值时将假设误差总为零。如果被估计方程没有 ARMA 项,该选项对预测没有影响。

二、含有 AR 误差项的预测

对包含 AR 误差项的方程,EViews 将把该方程的残差预测加至基于右边变量的结构模型预测中。为计算残差预测,EViews 需要滞后残差值的估计或实际值。对预测样本的第一个观测值,EViews 将利用前样本数据计算滞后残差。如果没有用来计算滞后残差的前样本数据,EViews 将调整预测样本,把实际值赋给预测序列。

三、含有 MA 误差项的预测

利用 MA 计算预测值的第一步是求得前期预测样本中随机误差项的拟合值。为了计算预测前期的随机误差项,EViews 将自动指定估计样本的前 q 个随机误差项的初值。给定初始值后,EViews 将利用向前递归拟合随后各随机误差项的值。

● 第五节　含有公式的预测方程

EViews 可以估计并预测等式左边是由某个公式定义的变量的方程。在对左边是公式的方程进行预测时,三个因素决定预测过程和可以利用的选项:公式是否为线性或非线性,公式中是否包括滞后变量,公式中是否包括估计系数。

对方程左边的因变量是某个表达式的情况,EViews 提供预测其中的第一个变量的功能。如果对公式中的第一个序列能从表达式求解出来,那么 EViews 还可以预测公式中的第一个序列。

第六节　命令

为得到静态(一步向前)预测,在命令窗口中输入待估方程名,后面加"1."和命令"fit",接着输入拟合序列名,然后随意输入一个标准差的拟合值名,如下:

eq1.fit　yhat yhat_se

为得到动态预测,在待估方程名后加"1."和命令"forecast",接着是要预测的序列名,最后随意给预测标准差输一个名:

eq1.forecast yh yh_se

在命令和程序参考(Command and Programming Reference)中,可以查到预测可用的所有命令和选项。

第六章　诊断检验

本章主要介绍每一检验过程包括假设检验的原假设定义。检验指令输出包括一个或多个检验统计量样本值和它们的联合概率值（p 值）。p 值说明在原假设为真的情况下，样本统计量绝对值的检验统计量大于或等于临界值的概率。这样，低的 p 值就拒绝原假设。对每一检验都有不同假设和分布结果。

方程对象菜单的 View 中给出三种检验类型选择来检验方程定义，包括系数检验、残差检验和稳定性检验。

● 第一节　系数检验

一、Wald 检验——系数约束条件检验

Wald 检验没有把原假设定义的系数限制加入回归，通过估计这一无限制回归来计算检验统计量。Wald 统计量计算无约束估计量如何满足原假设下的约束。如果约束为真，无约束估计量应接近于满足约束条件。

考虑一个线性回归模型：$y = X\beta + \varepsilon$ 和一个线性约束：$H_0 : R\beta - r = 0$，R 是一个已知的 $q \times k$ 阶矩阵，r 是 q 维向量。Wald 统计量在 H_0 下服从渐近分布 $\chi^2_{(q)}$，可简写为：

$$W = (R\beta - r)' \left[(s^2) R (X'X)^{-1} R' \right]^{-1} (R\beta - r)$$

进一步假设误差 ε 独立同时服从正态分布，我们就有一确定的、有限的样本 F-统计量：

$$F = \frac{(\tilde{e}'\tilde{e} - e'e)/q}{e'e/(T-k)} = W/q$$

$\tilde{e}$ 是约束回归的残差向量。F 统计量比较有约束和没有约束计算出的残差平方和。如果约束有效,这两个残差平方和差异很小,F 统计量值也应很小。EViews 显示 χ^2 和 F 统计量以及相应的 p 值。

假设 Cobb-Douglas 生产函数估计形式如下:

$$\log Q = A + \alpha \log L + \beta \log K + \varepsilon$$

Q 为产出增加量,K 为资本投入,L 为劳动力投入。

系数假设检验时,加入约束 $\alpha + \beta = 1$。

为进行 Wald 检验,选择"View/Coefficient Tests/Wald-Coefficient Restrictions",在编辑对话框中输入约束条件,多个系数约束条件用逗号隔开。约束条件应表示为含有估计参数和常数(不可以含有序列名)的方程,系数应表示为 c(1)、c(2)等,除非在估计中已使用过一个不同的系数向量。

为检验规模报酬不变的假设,在对话框中输入下列约束:

$$c(2)+c(3)=1$$

二、遗漏变量检验

这一检验能给现有方程添加变量,而且询问添加的变量对解释因变量变动是否有显著作用。原假设 H_0 是添加变量不显著。选择"View/Coefficient Tests/Omitted Variables—Likehood Ration",在打开的对话框中,列出检验统计量名,用至少一个空格相互隔开。例如:原始回归为 LS $\log(q)$ c $\log(L)$ $\log(k)$,输入"$K L$",EViews 将显示含有这两个附加解释变量的无约束回归结果,而且显示假定新变量系数为 0 的检验统计量。

三、冗余变量

冗余变量检验可以检验方程中一部分变量的统计显著性。冗余变量检验更正式,可以确定方程中一部分变量系数是否为 0,从而可以从方程中剔出去。只有以列出回归因子形式,而不是公式定义方程,检验才可以进行。

选择"View/Coefficient Tests/Redundant Variable-likelihood Ratio",在对话框中,输入每一检验的变量名,相互间至少用一空格隔开。例如,原始回归为:Ls $\log(Q)$ c $\log(L)$ $\log(K)$ $K L$,如果输入 $K L$,EViews 显示去掉这两个回归因子的约束回归结果,以及检验原假设(这两个变量系数为 0)的统计量。

● 第二节　残差检验

一、相关图和 Q 统计量

在方程对象菜单中,选择"View/Residual Test/Correlogram-Q-Statistics",将显示直到定义滞后阶数的残差自相关性、偏自相关图和 Q 统计量,如图 6-1 所示。在滞后定义对话框中,定义计算相关图时所使用的滞后数。如果残差不存在序列相关,在各阶滞后的自相关和偏自相关值都接近于零。所有的 Q 统计量不显著,并且有大的 P 值。

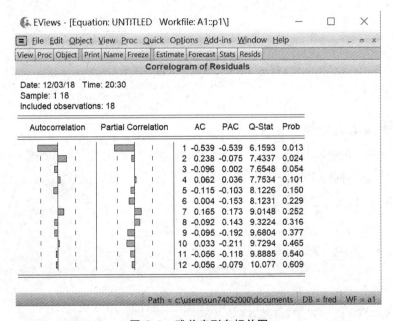

图 6-1　残差序列自相关图

二、平方残差相关图

选择"View/Residual Tests/Correlogram Squared Residual",在打开的滞后定义对话框定义计算相关图的滞后数,将显示直到任何定义的滞后阶数的平方残差的自相关性和偏自相关性,且计算出相应滞后阶数的 Q 统计量。平方残差相关图(见图 6-2)可以用来检查残差自回归条件异方差性(ARCH)。如果残差中不存在 ARCH,在各阶滞后自相关和偏自相关应为 0,且 Q 统计量应不显著。

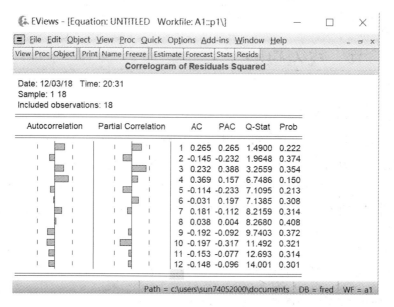

图6-2　平方残差序列自相关图

三、直方图和正态检验

选择"View/Residual Tests/Histogram Normality",将显示直方图和残差的描述统计量,包括检验正态性的 Jarque-Bera 统计量(见图6-3)。如果残差服从正态分布,直方图应呈钟型,J-B 统计量应不显著。

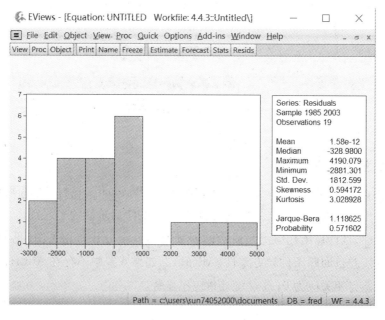

图6-3　残差直方图

四、序列相关 LM 检验

选择"View/Residual Tests /Serial correlation LM Test"定义 AR 或 MA 最高阶数。这一检验可以替代 Q 统计量检验序列相关,属于渐近检验(大样本)一类,被称为拉格朗日乘数(LM)检验。与 D-W 统计量仅检验 AR(1)误差不同,LM 检验可应用于检验高阶 ARMA 误差,而且不管是否有滞后因变量均可。因此,当我们认为误差可能存在序列相关时,更愿意用它来进行检验。LM 检验原假设为:直到 p 阶滞后,不存在序列相关。序列相关 LM 检验的操作界面如图 6-4 所示。

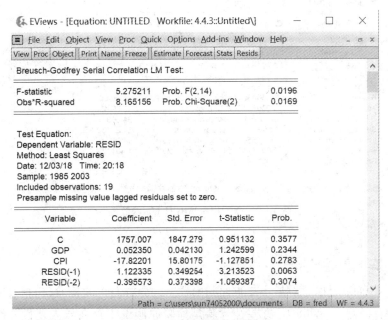

图 6-4　序列相关 LM 检验图

五、ARCH LM 检验

Engle(1982)提出对残差中自回归条件异方差(Autoregressive Conditional Heteroskedasticity, ARCH)进行拉格朗日乘数检验(Lagrange multiplier test),即 LM 检验。选择"View/Residual Tests/ARCH LM Tests"进行检验,定义要检验的 ARCH 阶数。ARCH LM 检验统计量由一个辅助检验回归计算。为检验原假设:残差中直到 q 阶都没有 ARCH,运行如下回归:

$$e_t^2 = \alpha_0 + \alpha_1 e_{t-1}^2 + \cdots + \alpha_p e_{t-p}^2 + v_t$$

公式中 e 是残差。这是一个对常数和直到 q 阶的滞后平方残差所做的回归。F 统计量是对所有滞后平方残差联合显著性所做的检验。Obs $* R^2$ 统计量是 LM 检验统计量,它是观测值数乘以检验回归 R^2。序列相关 ARCH LM 检验的操作界面如图 6-5 所示。

EViews - [Equation: UNTITLED Workfile: 4.4.3::Untitled\]

File Edit Object View Proc Quick Options Add-ins Window Help

View | Proc | Object | Print | Name | Freeze | Estimate | Forecast | Stats | Resids

Heteroskedasticity Test: ARCH

F-statistic	0.033624	Prob. F(3,12)	0.9913
Obs*R-squared	0.133377	Prob. Chi-Square(3)	0.9876

Test Equation:
Dependent Variable: RESID^2
Method: Least Squares
Date: 12/03/18 Time: 20:19
Sample (adjusted): 1988 2003
Included observations: 16 after adjustments

Variable	Coefficient	Std. Error	t-Statistic	Prob.
C	3740556.	2232979.	1.675141	0.1197
RESID^2(-1)	0.057574	0.476486	0.120831	0.9058
RESID^2(-2)	-0.077694	0.478060	-0.162519	0.8736
RESID^2(-3)	-0.084667	0.480800	-0.176097	0.8632

R-squared	0.008336	Mean dependent var	3498080.
Adjusted R-squared	-0.239580	S.D. dependent var	4887743.
S.E. of regression	5441839.	Akaike info criterion	34.06945
Sum squared resid	3.55E+14	Schwarz criterion	34.26260
Log likelihood	-268.5556	Hannan-Quinn criter.	34.07934
F-statistic	0.033624	Durbin-Watson stat	1.401173
Prob(F-statistic)	0.991293		

Path = c:\users\sun74052000\documents DB = fred WF = 4.4.3

图 6-5 序列相关 ARCH LM 检验图

六、White 异方差性检验

White (1980)提出了对最小二乘回归中残差的异方差性的检验,包括有交叉项和无交叉项两种检验。White 异方差性检验是检验原假设不存在异方差性。检验统计量通过一个辅助回归来计算,利用回归因子所有可能的交叉乘积对残差做回归。例如,假设估计如下方程:

$$y_t = \beta_0 + \beta_1 X_{1t} + \beta_2 X_{2t} + u_t$$

公式中 β 估计系数, e 是残差。检验统计量基于辅助回归:

$$e_t^2 = \hat{\alpha}_0 + \hat{\alpha}_1 X_{1t} + \hat{\alpha}_2 X_{2t} + \hat{\alpha}_3 X_{2t}^2 + \hat{\alpha}_4 X_{2t}^2 + \hat{\alpha}_5 X_{1t} X_{2t}$$

F 统计量是对所有交叉作用(包括常数)联合显著性的检验。

如图 6-6,选择"View/Residual test/White Heteroskedasticity"进行 White 异方差检验。EViews 对检验有两个选项:交叉项和无交叉项。交叉项包括所有交叉作用项。如果回归右边有许多变量,交叉项的个数就会很多,所以把它们全包括在内不实用。无交叉项选项仅使用回归因子平方进行检验回归。

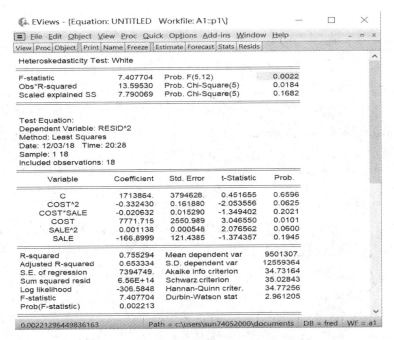

图 6-6　残差的异方差 White 检验图

第三节　定义和稳定性检验

EViews 提供了一些检验统计量选项,它们检查模型参数在数据的不同子区间是否平稳。一个推荐的经验方法是把观测值区间 T 分为 T_1 和 T_2 两部分。T_1 个观测值用于估计,T_2 个观测值用于检验和评价。把所有样本数据用于估计,有利于形成最好的拟合,但没有考虑到模型检验,也无法检验参数不变性,估计关系的稳定性。检验预测效果要用估计时未用到的数据,建模时常用 T_1 区间估计模型,用 T_2 区间检验和评价效果。例如居民收入、企业的销售或其他指标,留下一部分样本进行检验。对于子区间 T_1 和 T_2 的相对大小,没有太明确的规则。有时可能会出现明显的结构变化的转折点,如战争、石油危机等。当看不出有转折点时,常用的经验方法是用 85% ~ 90% 的数据作估计,剩余的数据作检验。EViews 提供了现成方法,进行这类分析很方便。

一、Chow 分割点检验

分割点 Chow 检验的思想是把方程应用于每一个子样本区间,看看估计方程中是否存在显著差异。显著差异说明关系中有结构变化。为了进行 Chow 间断点检验,选择"View/Stability Tests/Chow Breakpoint Test…"出现对话框以后,填入间断点的日期。原假设:不存在结构变化。

二、Chow 预测检验

Chow 预测检验先估计了包括 T_1 区间子样本的模型,然后用估计的模型去预测在剩余的 T_2 区间样本的因变量的值。如果真实值和预测值差异很大,就说明模型可能不稳定。检验适用于最小二乘法和二阶段最小二乘法。原假设为无结构变化。选择"View/Stability Test/Chow Forecast Test"进行 Chow 预测检验。对预测样本开始时期或观测值数进行定义。数据应在当前观测值区间内。

三、RESET 检验

Ramsey(1969)提出 RESET 检验,即回归定义错误检验(Regression Specification Error Test)。古典正态线性回归模型定义如下: $y = X\beta + \varepsilon$。扰动项 ε 服从多元正态分布 $N(0, \sigma^2 I)$。序列相关,异方差性,ε 非正态分布都违反了扰动项 ε 服从多元正态分布 $N(0, \sigma^2 I)$ 的假设。存在以上这样的定义错误,LS 估计量会是有偏的且不一致,一般推断方法也将不适用。Ramsey 说明:任一或所有上述定义错误对产生一个非零均值向量。因此,RESET 检验原假设和被选假设为:

$$H_0 : \varepsilon \sim N(0, \sigma^2 I) ; H_1 : \varepsilon \sim N(\mu, \sigma^2 I)(\mu \neq 0)$$

检验基于一个扩展回归方程: $y = X\beta + z\gamma + \varepsilon$。建立检验的关键问题是决定什么变量应记入 z 矩阵。Ramsey 建议把因变量预测值的乘方(这是解释变量乘方和互乘项的线性组合)计入 z,特别的,建议: $z = [\hat{y}_2, \cdots]$。$\hat{y}$ 是 y 对 X 回归的拟合值向量。上标说明乘方阶数。一阶没有包括在内,因为它与 X 矩阵完全共线性。

选择"View/stability tests/Ramsey RESET test"进行检验,定义检验回归中要包括的拟合项数。拟合项是原始回归方程拟合值的乘方。如果定义一个很大的拟合项数,EViews 将显示一个近似奇异矩阵误差信息,这是因为拟合项的乘方很可能高度共线。RESET 检验仅应用于 LS 估计的方程。

四、递归最小二乘法

在递归最小二乘法中,方程使用样本数据大子区间进行重复估计。如果在向量 b 中有 k 个系数要估计,那么前 k 个观测值就被用于形成对 b 的第一次估计。这一估计重复进行,直到 T 个样本点都被使用,产生对 b 向量的 $T - k + 1$ 个估计值。在每一步中,b 的最后一个估计值可以用来预测因变量的下一个值。这一预测过程的一步超前预测误差,被定义为递归误差。选择"View/stability tests/Recursive Estimate(OLS only)"计算递归残差,递归估计仅适用于没有 AR 和 MA 项的 OLS 估计方程。如果模型有效,递归残差将独立且服从零均值,常数方差的正态分布。

第七章 时间序列/截面数据模型

经典计量经济学模型所利用的数据(样本观测值)的一个特征是只利用时间序列数据或者截面数据。我们经常遇到在同一时间包含不同截面成员信息的数据或在若干时间区间观测到相关的一些截面成员的数据,例如许多欧洲国家的 GDP 时间序列数据或者是一段时间不同地区的失业状态数据。我们称这些数据为联合利用时间序列/截面数据(Pooled time series/cross section)。有的书中也称这类数据为面板数据(panel data),指在时间序列上取多个截面,在这些截面上同时选取样本观测值所构成的样本数据。

处理时间序列/截面数据的 EViews 对象称为一个 Pool。EViews 提供了许多专用工具处理 Pool 数据,包括数据管理,选择时间序列长度和截面成员的多少,以及进行数据估计。

本章将主要介绍怎样建立 Pool 数据以及定义和处理 Pool 对象。

第一节 Pool 对象

Pool 对象的核心是建立用来表示截面成员的名称表。为明显起见,名称要相对较短。例如,国家作为截面成员时,可以使用 USA 代表美国,CAN 代表加拿大,UK 代表英国。

定义了 Pool 的截面成员名称就等于告诉了 EViews 模型的数据结构。在上面的例子中,EViews 会自动把这个 Pool 理解成对每个国家使用单独的时间序列。

必须注意,Pool 对象本身不包含序列或数据。一个 Pool 对象只是对基本数据结构的一种描述。因此,删除一个 Pool 并不会同时删除它所使用的序列,但修改 Pool 使用的原序列会同时改变 Pool 中的数据。

一、创建 Pool 对象

在本章中,使用的是一个研究投资需求的例子,包括了 5 家企业和 3 个变量的 20 个年度观测值的时间序列:

5 家企业:	3 个变量:
GM:通用汽车公司	I:总投资
CH:克莱斯勒公司	F:前一年企业的市场价值
GE:通用电气公司	S:前一年末工厂存货和设备的价值
WE:西屋公司	
US:美国钢铁公司	

要创建 Pool 对象,选择"Objects/New Object/Pool…"并在编辑窗口中输入截面成员的识别名称,如图 7-1 所示。

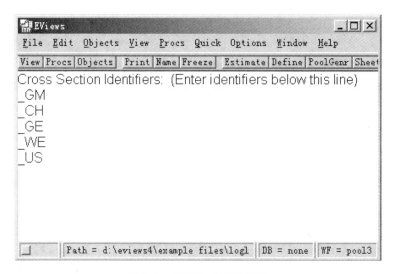

图 7-1　创建 Pool 对象界面

对截面成员的识别名称没有特别要求,但必须能使用这些识别名称建立合法的 EViews 序列名称。此处推荐在每个识别名中使用"_"字符,它不是必需的,但把它作为序列名的一部分,可以很容易找到识别名称。

二、观察或编辑 Pool 定义

要显示 Pool 中的截面成员识别名称,单击工具条的 Define 按钮,或选择 View—Cross-Section Identifiers。如果需要,也可以对识别名称列进行编辑。

三、使用 Pool 和序列

Pool 中使用的数据都存在普通 EViews 序列中。这些序列可以按通常方式使用：可以列表显示、图形显示、产生新序列或用于估计，也可以使用 Pool 对象来处理各单独序列。

四、序列命名

在 Pool 中使用序列的关键是序列命名：使用基本名和截面识别名称组合命名。截面识别名称可以放在序列名中的任意位置，只要保持一致即可。

例如，现有一个 Pool 对象含有识别名"_JPN，_USA，_UK"，想建立每个截面成员的"GDP"的时间序列，我们就使用"GDP"作为序列的基本名。

可以把识别名称放在基本名的后面，此时序列名为"GDP_JPN，GDP_USA，GDP_UK"；或者把识别名称放在基本名的前面，此时序列名为"JPN_GDP，USA_GDP，UK_GDP"。

把识别名称放在序列名的前面、中间或后面并没什么关系，只要易于识别就行了。但是必须注意要保持一致，不能以"JPNGDP，GDPUSA，UKGDP1"命名序列，因为 EViews 无法在 Pool 对象中识别这些序列。

五、Pool 序列

一旦选定的序列名和 Pool 中的截面成员识别名称相对应，就可以利用这些序列使用 Pool 了。其中关键是要理解 Pool 序列的概念。

一个 Pool 序列实际就是一组序列，序列名是由基本名和所有截面识别名构成的。Pool 序列名使用基本名和"?"占位符，其中"?"代表截面识别名。如果序列名为"GDPJPN，GDPUSA，GDPUK"，相应的 Pool 序列为"GDP?"。如果序列名为"JPNGDP，USAGDP，UKGDP"，相应的 Pool 序列为"? GDP"。

当使用一个 Pool 序列名时，EViews 认为将准备使用 Pool 序列中的所有序列。EViews 会自动循环查找所有截面识别名称并用识别名称替代"?"，然后会按指令使用这些替代后的名称。Pool 序列必须通过 Pool 对象来定义，因为如果没有截面识别名称，占位符"?"就没有意义。

● 第二节　输入 Pool 数据

有很多种输入数据的方法，在介绍这些方法之前，首先要理解时间序列/截面数据的结构，区别堆积数据和非堆积数据形式。

时间序列/截面数据的数据信息用三维表示:时期,截面成员,变量。例如,1950年,通用汽车公司,投资数据。

使用三维数据比较困难,一般要转化成二维数据。将三维数据转化为二维数据常用的方法有以下几种。

一、非堆积数据

存在工作文件的数据都是这种非堆积数据,在这种形式中,给定截面成员、给定变量的观测值放在一起,但和其他变量、其他截面成员的数据分开。例如,假定数据文件的形式如图 7-2 所示。

obs	I_GM	I_CH	I_GE	I_WE	I_US	F_GM
1935	317.6000	40.29000	33.10000	12.93000	209.9000	3078.500
1936	391.8000	72.76000	45.00000	25.90000	355.3000	4661.700
1937	410.6000	66.26000	77.20000	35.05000	469.9000	5387.100
1938	257.7000	51.60000	44.60000	22.89000	262.3000	2792.200
1939	330.8000	52.41000	48.10000	18.84000	230.4000	4313.200
1940	461.2000	69.41000	74.40000	28.57000	261.6000	4643.900
1941	512.0000	68.35000	113.0000	48.51000	472.8000	4551.200
1942	448.0000	46.80000	91.90000	43.34000	445.6000	3244.100
1943	499.6000	47.40000	61.30000	37.02000	361.6000	4053.700
1944	547.5000	59.57000	56.80000	37.81000	288.2000	4379.300
1945	561.2000	88.78000	93.60000	39.27000	258.7000	4840.900
1946	688.1000	74.12000	159.9000	53.46000	420.3000	4900.900

图 7-2　堆积数据图

其中,基本名 I 代表企业总投资、F 代表前一年企业的市场价值、S 代表前一年末工厂存货和设备的价值。每个企业都有单独的 I、F、S 数据。

EViews 会自动按标准输入程序读取非堆积数据。并把每个截面变量看作一个单独序列。注意要按照上述的 Pool 命名规则命名。

二、堆积数据

选择"View/Spreadsheet(stacked data)",EViews 会要求输入序列名列表,确认后EViews 会打开新建序列的堆积式数据表。图 7-3 显示的是按截面成员堆积的序列,Pool 序列名在每列表头,截面成员/年代识别符标识每行。

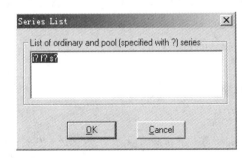

图 7-3　创建 Pool 对象堆积数据界面(一)

Pool 数据排列成堆积形式，一个变量的所有数据放在一起，和其他变量的数据分开。大多数情况下，不同截面成员的数据从上到下依次堆积，每一列代表一个变量。

我们称图 7-4 的数据是以截面成员堆积的，单击“Order+/-”实现堆积方式转换。我们也可以按日期堆积数据，如图 7-5 所示。

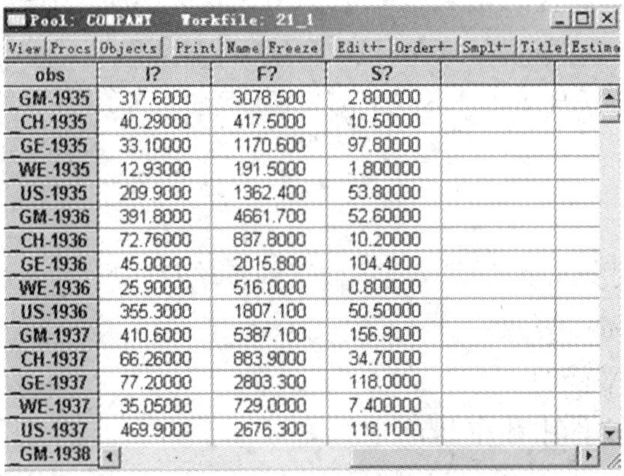

obs	I?	F?	S?
GM-1935	317.6000	3078.500	2.800000
CH-1935	40.29000	417.5000	10.50000
GE-1935	33.10000	1170.600	97.80000
WE-1935	12.93000	191.5000	1.800000
US-1935	209.9000	1362.400	53.80000
GM-1936	391.8000	4661.700	52.60000
CH-1936	72.76000	837.8000	10.20000
GE-1936	45.00000	2015.800	104.4000
WE-1936	25.90000	516.0000	0.800000
US-1936	355.3000	1807.100	50.50000
GM-1937	410.6000	5387.100	156.9000
CH-1937	66.26000	883.9000	34.70000
GE-1937	77.20000	2803.300	118.0000
WE-1937	35.05000	729.0000	7.400000
US-1937	469.9000	2676.300	118.1000
GM-1938			

图 7-4　创建 Pool 对象堆积数据界面(二)

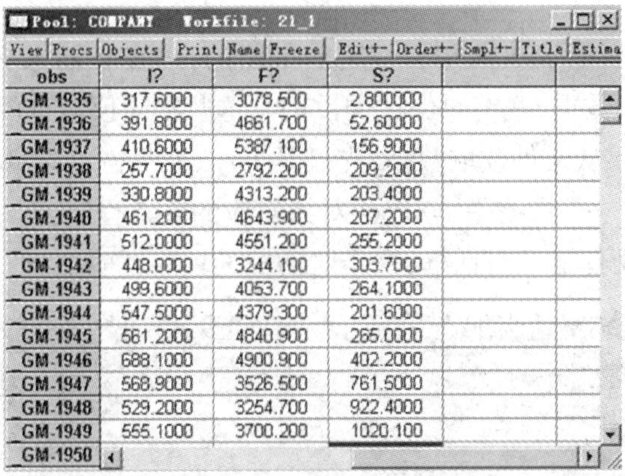

obs	I?	F?	S?
GM-1935	317.6000	3078.500	2.800000
GM-1936	391.8000	4661.700	52.60000
GM-1937	410.6000	5387.100	156.9000
GM-1938	257.7000	2792.200	209.2000
GM-1939	330.8000	4313.200	203.4000
GM-1940	461.2000	4643.900	207.2000
GM-1941	512.0000	4551.200	255.2000
GM-1942	448.0000	3244.100	303.7000
GM-1943	499.6000	4053.700	264.1000
GM-1944	547.5000	4379.300	201.6000
GM-1945	561.2000	4840.900	265.0000
GM-1946	688.1000	4900.900	402.2000
GM-1947	568.9000	3526.500	761.5000
GM-1948	529.2000	3254.700	922.4000
GM-1949	555.1000	3700.200	1020.100
GM-1950			

图 7-5　创建 Pool 对象堆积数据界面(三)

每一列代表一个变量，每一列内数据都是按年排列的。如果数据按年排列，要确保各年内截面成员的排列顺序保持一致。

三、手工输入/剪切和粘贴

可以通过手工输入数据，也可以使用剪切和粘贴工具输入：

(1)通过确定工作文件样本来指定堆积数据表中要包含哪些时间序列观测值。

(2)打开 Pool，选择“View/Spreadsheet(stacked data)”，EViews 会要求输入序列名列表，可以输入普通序列名或 Pool 序列名。如果是已有序列，EViews 会显示序列数据；如果这个序列不存在，EViews 会使用已说明的 Pool 序列的截面成员识别名称建立新序列或序列组。

（3）打开 Pool 序列的堆积式数据表。需要的话还可以单击 Order+/-按钮进行按截面成员堆积和按日期堆积之间的转换。

（4）单击 Edit+/-按钮打开数据编辑模式输入数据。

如果有一个 Pool 包含识别名"_GM,_CH,_GE,_WE,_US"，通过输入："I? F? S?"，指示 EViews 来创建序列"I_GM,I_CH,I_GE,I_WE,I_US;F_GM,F_CH,F_GE, F_WE,F_US;S_GM,S_CH,S_GE,S_WE,S_US"。

四、文件输入

可以使用 Pool 对象从文件输入堆积数据到各单独序列。当文件数据按截面成员或时期堆积成时，EViews 要求：

（1）堆积数据是平衡的。

（2）截面成员在文件中和在 Pool 中的排列顺序相同。

平衡的意思是，如果按截面成员堆积数据，每个截面成员应包括正好相同的时期；如果按日期堆积数据，每个日期应包含相同数量的截面成员观测值，并按相同顺序排列。

特别要指出的是，基础数据并不一定是平衡的，只要在输入文件中有表示即可。如果观测值中有缺失数据，一定要保证文件中给这些缺失值留有位置。

要使用 Pool 对象从文件读取数据，先打开 Pool，然后选择"Procs/Import Pool Data（ASCII,.XLS,.WK?）…"，要使用与 Pool 对象对应的输入程序。

图 7-6 所示为文件输入对话框，这个对话框的填写说明如下：

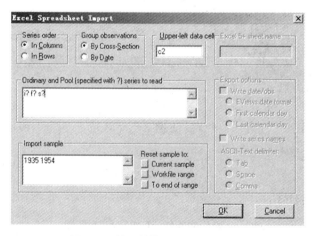

图 7-6 从文件输入堆积数据界面

注明 Pool 序列是按行还是按列排列，数据是按截面成员堆积还是按日期堆积。

在编辑框输入序列的名称。这些序列名应该是普通序列名或者是 Pool 名。

填入样本信息，起始格位置和表单名（可选项）。

如果输入序列用 Pool 序列名,EViews 会用截面成员识别名创建和命名序列。如果用普通序列名,EViews 会创建单个序列。

EViews 会使用样本信息读入文件到说明变量中。如果输入的是普通序列名,EViews 会把多个数据值输入到序列中,直到从文件中读入的最后一组数据。

从 ASCII 文件中输入数据基本类似,但相应的对话框包括许多附加选项处理 ASCII 文件的复杂问题。

五、输出 Pool 数据

按照和上面数据输入相反的程序可进行数据输出。EViews 可以输入输出非堆积数据,按截面成员堆积和按日期堆积数据,因此可以利用 EViews 按照需要调整数据结构,如图 7-7 所示。

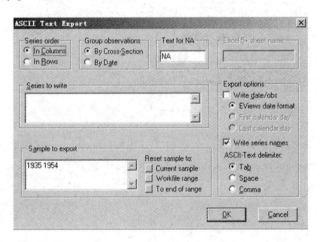

图 7-7　输出堆积数据界面

第三节　使用 Pool 数据

每个截面成员的基础序列都是普通序列,因此 EViews 中对各单个截面成员序列适用的工具都可使用。另外,EViews 还有专门适用于 Pool 数据的专用工具,可以使用 EViews 对与一特定变量对应的所有序列进行类似操作。

一、检查数据

用数据表形式查看堆积数据。选择"View/Spreadsheet(stacked data)",然后列出要显示的序列。序列名包括普通序列名和 Pool 序列名。单击"Order+/-"按钮进行数据堆积方式的转换。

二、描述数据

可以使用 Pool 对象计算序列的描述统计量。在 Pool 工具栏选择"View/Descriptive Statistics…",EViews 会打开对话框,如图 7-8 所示。

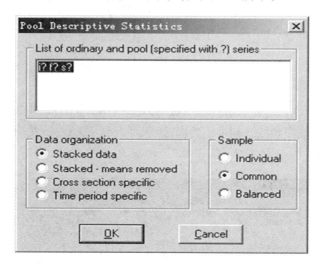

图 7-8　使用 Pool 对象计算序列的描述统计量界面图

在编辑框内输入计算描述统计量的序列。EViews 可以计算序列的平均值、中位数、最小值、最大值、标准差、偏度、峰度和 Jarque-Bera 统计量。

下一步选择样本选项:

(1)Individual:利用所有的有效观测值。即使某一变量的观测值是针对某一截面成员的,也应计算在内。

(2)Common:使用的有效观测值必须是某一截面成员的数据,在同一期对所有变量都有数值,而不管同期其他截面成员的变量是否有值。

(3)Balanced:使用的有效观测值必须是对所有截面成员,所有变量在同一期都有数值。

最后还必须选择与计算方法相对应的数据结构:

(1)Stacked data:计算表中每一变量所有截面成员,所有时期的统计量。如果忽略数据的 pool 性质,得到的就是变量的描述统计量。

(2)Stacked-means removed:计算除去截面平均值之后的描述统计量值。

(3)Cross-section specific:计算每个截面变量所有时期的描述统计量,是通过对各单独序列计算统计量而得到的。

(4)Time period specific:计算时期特性描述统计量。对每一时期,使用 pool 中所有截面成员的变量数据计算的统计量。

注意:后面两种方法可能产生很多输出结果。截面成员描述计算会对每一变量/截面成员组合产生一系列结果。如果有 3 个 Pool 变量,20 个截面成员,EViews 就会计算 60 个序列的描述统计量。

可以把时期特性统计量存储为序列对象。从 Pool 窗口选择"Procs/Make Period Stat Series…"出现以下对话框,见图 7-9,在编辑窗口输入想计算的时期统计量的序列名。然后选择计算统计量和样本选择。

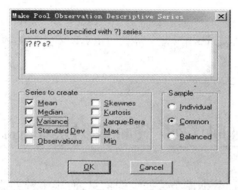

图 7-9　使用 Pool 对象计算序列的描述统计量界面

三、生成数据

(1)可以使用 PoolGenr(panelgenr)程序生成或者修改 Pool 序列。点击 Pool 工具栏的 Poolgenr 并输入要生成的方程式,使用正确的 Pool 名称。例如上面的例子,输入:r? =I? /I_US,相当于输入以下五个命令:

r_CM=I_CM/I_US

r_CH=I_CH/I_US

r_GE=I_GE/I_US

r_WE=I_WE/I_US

r_US=I_US/I_US

PoolGenr 按照输入的方程在各截面成员间进行循环计算,生成新的序列或修改已有序列。

(2)可联合使用 PoolGenr 和 Genr 生成新的变量。

(3)使用 Pool 修改序列,选择 PoolGenr 然后输入新 Pool 序列表达式:

dum? =dum? *(I? >S?)

(4)利用数据的内在循环特性进行给定时期的截面成员间的计算。例如,建立一普通序列 sum,初始值设为 0,然后选 PoolGenr 并输入:

sum=sum+I?

相当于对普通序列从 Genr 输入下列计算:

sum=I_GM+I_CH+I_GE+I_WE+I_US

四、生成 Pool 组

如果希望使用 EViews 的组对象工具处理一系列 Pool 序列,选择"Procs/Make

Group…"输入普通序列和 Pool 序列名称,EViews 就会生成一个包含这些序列的未命名组对象。

五、删除和存取数据

Pool 可用来删除和存取序列。只需选择"Procs/Delete pool series…""Procs/Store pool series(DB)…""Procs/Fetch pool series(DB)…",输入普通序列和 Pool 序列名称即可。

第四节　时间序列/截面数据模型估计方法

使用时间序列/截面数据模型数据结构信息,有很多种方法进行方程估计。可以估计固定截距模型、随机截距模型或者模型变量对各截面成员的系数不同,以及估计单独的 AR(1)系数,也可以为各个截面成员分别估计一个方程。

EViews 的 Pool 对象估计模型使用的方法有:最小二乘法,估计截面权重的加权最小二乘法或似乎不相关回归。这些方法的使用都不改变原数据的排序。

下面将介绍怎样使用 Pool 和系统估计更一般和复杂的模型,包括二阶段最小二乘法估计和非线性模型,以及有复杂截面系数限制的模型。

Pool 对象估计的方程模型形式为:

$$y_{it} = \alpha_{it} + x'_{it}\beta_i + \varepsilon_{it} \tag{7-1}$$

其中 y_{it} 是因变量,x_{it} 和 β_i 分别是对应于 $i=1, 2, \cdots, N$ 的截面成员的解释变量 k 维向量和 k 维参数。每个截面成员的观测期为 $t=1, 2, \cdots, T$。

我们可以把这些数据看作一系列截面说明回归量,因此有 N 个截面方程:

$$y_i = \alpha_i + x'_i\beta_i + \varepsilon_i \tag{7-2}$$

模型(7-2)常用的有如下三种情形:

情形 1:$\alpha_i = \alpha_j$, $\beta_i = \beta_j$

情形 2:$\alpha_i \neq \alpha_j$, $\beta_i = \beta_j$

情形 3:$\alpha_i \neq \alpha_j$, $\beta_i \neq \beta_j$

对于情形 1,在横截面上无个体影响、无结构变化,则普通最小二乘法估计给出了 α 和 β 的一致有效估计。相当于将多个时期的截面数据放在一起作为样本数据。对于情形 2,称为变截距模型,在横截面上个体影响不同,个体影响表现为模型中被忽略的反映个体差异的变量的影响,又分为固定影响和随机影响两种情况。对于情形 3,称为变系数模型,除了存在个体影响外,在横截面上还存在变化的经济结构,因而结构参数在不同横截面上是不同的。

有 T 个观测值互相堆积。为讨论方便,我们将堆积方程表示为:

$$Y = \alpha + X\beta + \varepsilon$$

其中，$Y = \alpha + X\beta + \varepsilon$ 和 X 分别包含了截面成员间对参数的所有限制。用分块矩阵形式表示如下：

$$\begin{bmatrix} y_1 \\ y_2 \\ \vdots \\ y_N \end{bmatrix} = \begin{bmatrix} \alpha_1 \\ \alpha_2 \\ \vdots \\ \alpha_N \end{bmatrix} + \begin{bmatrix} X_1 & 0 & \cdots & 0 \\ 0 & X_2 & \cdots & 0 \\ \cdots & \cdots & \ddots & \cdots \\ 0 & 0 & \cdots & X_N \end{bmatrix} \begin{bmatrix} \beta_1 \\ \beta_2 \\ \vdots \\ \beta_N \end{bmatrix} + \begin{bmatrix} \varepsilon_1 \\ \varepsilon_2 \\ \vdots \\ \varepsilon_N \end{bmatrix}$$

并且方程的残差协方差矩阵为：

$$\Omega = E(\varepsilon\varepsilon') = E\begin{bmatrix} \varepsilon_1\varepsilon_1' & \varepsilon_1\varepsilon_2' & \cdots & \varepsilon_1\varepsilon_N' \\ \varepsilon_2\varepsilon_1' & \varepsilon_2\varepsilon_2' & \cdots & \varepsilon_2\varepsilon_N' \\ \vdots & \vdots & \ddots & \vdots \\ \varepsilon_N\varepsilon_1' & \varepsilon_N\varepsilon_2' & \cdots & \varepsilon_N\varepsilon_N' \end{bmatrix}$$

基本说明把 Pool 说明作为联立方程系统并使用系统最小二乘法估计模型。当残差同期不相关，并且时期和截面同方差时，

$$\Omega = \sigma^2 I_N \otimes I_T$$

对堆积数据模型使用普通最小二乘法估计系数和协方差。

第五节 如何估计 Pool 方程

单击 Pool 工具栏的 Estimate 选项打开如下对话框（见图 7-10）。

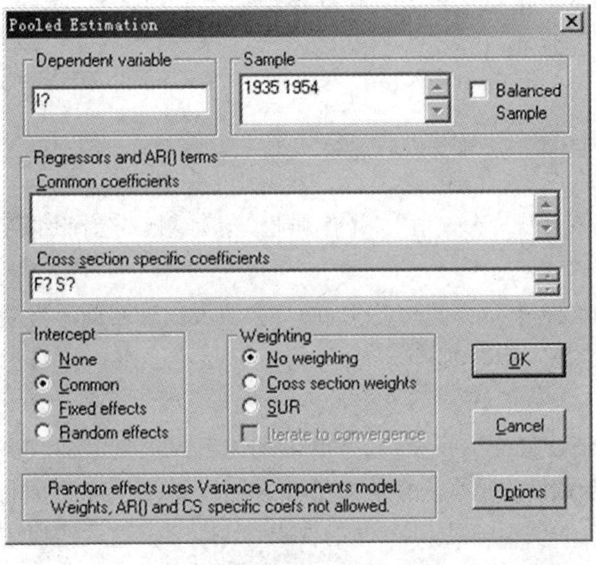

图 7-10 估计 Pool 方程界面

1. 因变量

在因变量对话框中输入 Pool 变量或 Pool 变量表达式。

2. 样本

在右上角的编辑窗口中输入样本说明。样本的缺省值是各截面成员中的最大样本值。如果得不到某时期截面成员的解释变量或因变量的值,那么此观测值会被排除掉。

复选框"Balanced Sample"说明在各截面成员间进行数据排除。只要某一时期数据对任何一个截面成员无效,此时期就被排除。这种排除保证得到的样本区间对所有截面成员都是有效的。

如果某截面成员的所有观测值都没有,那么 Pool 在进行估计时就会排除这个截面成员,同时 EViews 会在输出中告诉漏掉的截面成员。

3. 解释变量

在两个编辑框中输入解释变量。

(1)Common coefficients。此栏中输入的变量对所有截面成员有相同的系数,而各变量的系数则不同,并用一般名称或 Pool 名称输出结果。

(2)Cross-section specific coefficients。此栏中输入的变量对 Pool 中每个截面成员的系数不同。EViews 会对每个截面成员估计不同的系数,并使用截面成员识别名后跟一般序列名,中间用"_"连接进行标示。

例如,如果在共同系数编辑框中输入一般变量"F?"和"S?",会输出"F?"和"S?"的估计系数。如果在特定系数编辑框中输入这两个变量,会输出如下形式的系数:_GM--F_GM, _CH--F_CH, _GE--F_GE, _WE--F_WE, _US--F_US 和_GM--S_GM, _CH--S_CH, _GE--S_GE, _WE--S_WE, _US--S_US 等。

注意,使用截面成员特定系数法估计模型会生成很多系数——等于 Pool 中截面成员数和所列变量数的乘积。

4. 截距

在 Intercept 标示区对截距进行选择说明。

5. 权重

在 Pool 方程估计中,缺省值为没有加权,但是可以选择加权项。有三种权重选择。

如果选择"Cross section weights",EViews 会假设出现截面异方差性进行广义最小二乘估计。如果选择"SUR",EViews 会进行广义最小二乘估计修正截面异方差性和同期相关性。

EViews 不能估计这样的模型:很少的时期或者庞大的截面成员。所用的时期数平均应至少不小于截面成员数。即使有足够的观测值,估计的残差相关矩阵还必须是非奇异的。如果有一条不满足 EViews 的要求,EViews 会显示错误信息"Near Singular Matrix"。

复选框"Iterate to convergence"控制可行 GLS 程序。如果选择,EViews 就一直迭代权重和系数直到收敛。如果模型中包括 AR 项,这个选择就没有意义,因为在 AR 估计中,EViews 会一直迭代直至收敛。

6. 选项

(1) Iteration and Convergence Options(迭代和收敛选择)。如果选择加权估计和迭代至收敛,可以通过规定收敛准则和最大迭代次数控制迭代过程。点击方程对话框的 Options 按钮并输入要求值即可。

(2) White Heteroskedasticity Covariance(White 异方差协方差)。EViews 能估计那些广义异方差性的强的协方差。这种形式的异方差性比上面介绍的截面异方差性更普遍,因为一个截面成员内的方差可以随时间不同。要得到怀特标准差和协方差,点"Options"按钮,选择"White heteroskedasticity Consistent Covariance"。注意此选项不适用于 SUR 和随机影响估计。

7. Pool 方程举例

我们以前述的 5 个企业、3 个变量数据作为例子:通用汽车、克莱斯勒、通用电气、西屋和美国钢铁。相应的 Pool 识别名称为"_GM,_CH,_GE,_WE,_US"。

首先,我们估计一个总投资"I?"的回归模型,解释变量是投资的滞后"I?(−1)"(注意'?'必须放在滞后符前面)、前一年企业的市场价值"F?"、存货和设备价值"S?"。所有系数限定为对所有截面成员是一样的,这等价于对堆积数据忽略截面信息进行模型估计,如图 7-11 所示。

```
Dependent Variable: I?
Method: Pooled Least Squares
Date: 08/30/02   Time: 15:06
Sample: 1935 1954
Included observations: 20
Number of cross-sections used: 5
Total panel (balanced) observations: 100
```

Variable	Coefficient	Std. Error	t-Statistic	Prob.
C	-30.76885	29.47040	-1.044060	0.2993
_GM--F_GM	0.091410	0.008518	10.73162	0.0000
_CH--F_CH	0.112263	0.051631	2.174331	0.0323
_GE--F_GE	0.036097	0.019029	1.896948	0.0611
_WE--F_WE	0.104490	0.069266	1.508533	0.1350
_US--F_US	0.156761	0.021152	7.411314	0.0000
_GM--S_GM	0.381079	0.024836	15.34376	0.0000
_CH--S_CH	0.312446	0.136290	2.292511	0.0242
_GE--S_GE	0.155342	0.056883	2.730913	0.0076
_WE--S_WE	0.012849	0.329465	0.038999	0.9690
_US--S_US	0.423923	0.094533	4.484403	0.0000

R-squared	0.950420	Mean dependent var	248.9570
Adjusted R-squared	0.944850	S.D. dependent var	267.8654
S.E. of regression	62.90577	Sum squared resid	352185.1
Log likelihood	-550.2310	F-statistic	170.6096
Durbin-Watson stat	0.869758	Prob(F-statistic)	0.000000

图 7-11　Pool 方程界面图

第二部分　实验操作

第八章　一元线性回归模型的估计与统计检验

一、实验目的与要求

实验目的：

能使用软件 EViews 进行一元回归模型的参数估计和统计检验。

实验要求：

(1)选择方程进行一元线性回归估计；

(2)进行拟合优度、参数显著性和方程显著检验。

二、实验原理

普通最小二乘法、可决系数、t 检验。

三、理论教学内容

(一)回归分析概述

1. 回归分析的基本概念

(1)变量间的相互关系：确定性变量关系或函数关系、统计依赖或相关关系。

(2)相关分析与回归分析：不线性相关并不意味着不相关；有相关关系并不意味着一定有因果关系；回归分析/相关分析研究一个变量对另一个(些)变量的统计依赖关系，但它们并不意味着一定有因果关系；回归分析对变量的处理方法存在不对称性，即区分因变量(被解释变量)和自变量(解释变量)：前者是随机变量，后者不是；相关分析则对称地对待任何(两个)变量,两个变量都被看作是随机的。

回归分析是研究一个变量关于另一个(些)变量的依赖关系的计算方法和理论。其用意在于通过后者的已知或设定值,去估计和(或)预测前者的(总体)均值。前一个变量被称为被解释变量(Explained Variable)或因变量(Dependent Variable)后一个变量被称为解释变量(Explanatory Variable)或自变量(Independent Variable)。

2. 总体回归函数(PRF)(略)

3. 随机干扰项

未知影响因素、无法获取数据的影响因素、众多细小影响因素、观测误差、模型设定误差、变量的内在随机性。

4. 样本回归函数(SRF)(略)

(二)一元线性回归模型的基本假设

1. 对模型设定的假设(略)

2. 对解释变量的假设

x_i 是非随机的。

3. 对随机干扰项的假设

在对回归函数进行估计之前应该对随机误差项 u_t 做出如下假定。

(1) u_t 是一个随机变量, u_t 的取值服从概率分布。

(2) $E(u_t) =? 0$。

(3) $E[u_t - E(u_t)]^2 = E(u_t)^2 = \sigma^2$, 称 u_t 具有同方差性。

(4) u_t 为正态分布(根据中心极限定理)。

以上四个假定可表达为: $u_t \sim N(0, \sigma^2)$。

(5) $Cov(u_i, u_j) = E[(u_i - E(u_i))(u_j - E(u_j))] = E(u_i, u_j) = 0, i \neq j$。

含义是不同观测值所对应的随机项相互独立,称为 u_i 的非自相关性。

(三)一元线性回归模型的参数估计

1. 参数估计的普通最小二乘法

(1)OLS 基本原则:残差平方和最小化。

①用"残差和最小"确定直线位置是一个途径,但很快你会发现计算"残差和"存在相互抵消的问题。

②用"残差绝对值和最小"确定直线位置也是一个途径,但绝对值的计算比较麻烦。

③最小二乘法的原则是以"残差平方和最小"确定直线位置。用最小二乘法除了计算比较方便外,得到的估计量还具有优良特性(这种方法对异常值非常敏感)。设残差平方和用 Q 表示,

$$Q = \sum_{i=1}^{T} \hat{u}_t^2 = \sum_{i=1}^{T} (y_t - \hat{y}_t)^2 = \sum_{i=1}^{T} (y_t - \hat{\beta}_0 - \hat{\beta}_1 x_t)^2$$

第八章 一元线性回归模型的估计与统计检验

$$\begin{cases} \dfrac{\partial Q}{\partial \hat{\beta}_0} = 2\sum_{i=1}^{T}(y_t - \hat{\beta}_0 - \hat{\beta}_1 x_t)\,(-1) = 0 & (8-1) \\[4mm] \dfrac{\partial Q}{\partial \hat{\beta}_1} = 2\sum_{i=1}^{T}(y_t - \hat{\beta}_0 - \hat{\beta}_1 x_t)\,(-x_t) = 0 & (8-2) \end{cases}$$

下面用代数和矩阵两种形式推导计算结果。首先用代数形式推导,由公式(8-1)、公式(8-2)得,

$$\begin{cases} \sum_{i=1}^{T}(y_t - \hat{\beta}_0 - \hat{\beta}_1 x_t) = 0 & (8-3) \\[4mm] \sum_{i=1}^{T}(y_t - \hat{\beta}_0 - \hat{\beta}_1 x_t)\,x_t = 0 & (8-4) \end{cases}$$

公式(8-3)两侧用 T 除,并整理得:

$$\hat{\beta}_0 = \bar{y} - \hat{\beta}_1 \bar{x} \qquad (8-5)$$

把公式(8-5)代入公式(8-4)并整理,得:

$$\sum_{i=1}^{T}\left[(y_t - \bar{y}) - \hat{\beta}_1(x_t - \bar{x})\right]x_t = 0 \qquad (8-6)$$

$$\sum_{i=1}^{T}(y_t - \bar{y})x_t - \hat{\beta}_1\sum_{i=1}^{T}(x_t - \bar{x})x_t = 0 \qquad (8-7)$$

$$\hat{\beta}_1 = \frac{\sum_{i=1}^{T}x_t(y_t - \bar{y})}{\sum_{i=1}^{T}(x_t - \bar{x})x_t} \qquad (8-8)$$

因为 $\sum_{i=1}^{T}\bar{x}(y_t - \bar{y}) = 0$,$\sum_{i=1}^{T}\bar{x}(x_t - \bar{x}) = 0$,分别在公式(8-8)的分子和分母上减 $\sum_{i=1}^{T}\bar{x}(y_t - \bar{y})$ 和 $\sum_{i=1}^{T}\bar{x}(x_t - \bar{x})$ 得,

$$\hat{\beta}_1 = \frac{\sum x_t(y_t - \bar{y}) - \sum \bar{x}(y_t - \bar{y})}{\sum (x_t - \bar{x})x_t - \sum \bar{x}(x_t - \bar{x})} \qquad (8-9)$$

$$= \frac{\sum (x_t - \bar{x})(y_t - \bar{y})}{\sum (x_t - \bar{x})^2} \qquad (8-10)$$

下面用矩阵形式推导:

$$\begin{cases} \hat{\beta}_0 T + \hat{\beta}_1\sum_{i=1}^{T}x_t = \sum_{i=1}^{T}y_t \\[4mm] \hat{\beta}_0\sum_{i=1}^{T}x_t + \hat{\beta}_1\sum_{i=1}^{T}x_t^2 = \sum_{i=1}^{T}x_t y_t \end{cases}$$

$$\begin{bmatrix} T & \sum x_t \\ \sum x_t & \sum x_t^2 \end{bmatrix}\begin{bmatrix} \hat{\beta}_0 \\ \hat{\beta}_1 \end{bmatrix} = \begin{bmatrix} \sum y_t \\ \sum x_t y_t \end{bmatrix}$$

$$\begin{bmatrix} \hat{\beta}_0 \\ \hat{\beta}_1 \end{bmatrix} = \begin{bmatrix} T & \sum x_t \\ \sum x_t & \sum x_t^2 \end{bmatrix}^{-1} \begin{bmatrix} \sum y_t \\ \sum x_t y_t \end{bmatrix} = \frac{1}{T\sum x_t^2 - (\sum x_t)^2} \begin{bmatrix} \sum x_t^2 & -\sum x_t \\ -\sum x_t & T \end{bmatrix} \begin{bmatrix} \sum y_t \\ \sum x_t y_t \end{bmatrix}$$

这种形式在单位根检验的理论分析中非常有用。

(2) OLS 估计量：
$$\begin{cases} \hat{\beta}_1 = \dfrac{\sum x_i y_i}{\sum x_i^2} \\ \hat{\beta}_0 = \bar{Y} - \hat{\beta}_1 \bar{X} \end{cases}$$

(3) 样本回归线的性质：

①样本回归线通过 Y 和 X 的样本均值。

②估计的 Y 的均值 $\hat{Y}_i$ 等于实测的 Y 的均值 $\bar{Y}$。

③残差 e_i 的均值为零。

④残差 e_i 和预测的 Y_i 不相关。

⑤残差 e_i 与 X_i 不相关。

2. 最小二乘法估计量的性质

(1) 线性特性。

这里指 $\hat{\beta}_0$ 和 $\hat{\beta}_1$ 分别是 y_t 的线性函数。

$$\hat{\beta}_1 = \frac{\sum (x_t - \bar{x})(y_t - \bar{y})}{\sum (x_t - \bar{x})^2} = \frac{\sum (x_t - \bar{x})y_t - \bar{y}\sum (x_t - \bar{x})}{\sum (x_t - \bar{x})^2} = \frac{\sum (x_t - \bar{x})y_t}{\sum (x_t - \bar{x})^2}$$

令 $k_t = \dfrac{(x_t - \bar{x})}{\sum (x_t - \bar{x})^2}$，代入上式得：

$$\hat{\beta}_1 = \sum k_t y_t$$

可见 $\hat{\beta}_1$ 是 y_t 的线性函数，是 β_1 的线性估计量。同理 β_0 也具有线性特性。

(2) 无偏性。

利用上式

$$E(\hat{\beta}_1) = E(\sum k_t y_t) = E[\sum k_t (\beta_0 + \beta_1 x_t + u_t)] = E(\beta_0 \sum k_t + \beta_1 \sum k_t x_t + \sum k_t u_t)$$

$$= E[\beta_1 \sum k_t (x_t - \bar{x}) + \sum k_t u_t] = \beta_1 + E(\sum k_t u_t) = \beta_1$$

(3) 有效性。

β_0，β_1 的 OLS 估计量的方差比其他估计量的方差小。

> **高斯-马尔可夫定理**：在给定经典线形回归的假定下，最小二乘估计量是具有最小方差的线性无偏估计量。

3. $\hat{\beta}_0$ 和 $\hat{\beta}_1$ 的概率分布及随机误差项 μ 的方差 σ^2 的估计

（1）$\hat{\beta}_0$ 和 $\hat{\beta}_1$ 的概率分布：$\hat{\beta}_1 \sim N(\beta_1, \dfrac{\sigma^2}{\sum x_i^2})$ $\hat{\beta}_0 \sim N(\beta_0, \dfrac{\sigma^2 \sum X_i^2}{n \sum x_i^2})$

（2）随机误差项 μ 的方差 σ^2 的估计：

$$\hat{\sigma}^2 = \frac{\sum e_i^2}{n-2}$$

其中 2 表示待估参数的个数。可以证明 $E(\hat{\sigma}^2) = \sigma^2$。$\hat{\sigma}^2$ 是 σ^2 的无偏估计量。因为 $\hat{u}_t$ 是残差，所以 $\hat{\sigma}^2$ 又称作误差均方，可用来考察观测值对回归直线的离散程度。

$$S(\hat{\beta}_1) = \hat{\sigma} / \sqrt{\sum x_i^2}$$

$$S(\hat{\beta}_0) = \hat{\sigma} \sqrt{\sum X_i^2 / n \sum x_i^2}$$

（四）一元线性回归模型的统计检验

1. 拟合优度检验

拟合优度是指回归直线对观测值的拟合程度。显然若观测值离回归直线近，则拟合程度好；反之，则拟合程度差。

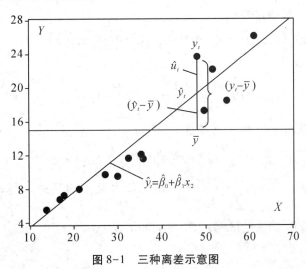

图 8-1　三种离差示意图

可以证明 $\sum (y_t - \bar{y})^2 = \sum (\hat{y}_t - \bar{y})^2 + \sum (y_t - \hat{y}_t)^2 = \sum (\hat{y}_t - \bar{y})^2 + \sum (\hat{u}_t)^2$ （见图 8-1）。

SST（总平方和）= SSR（回归平方和）+ SSE（残差平方和）

对样本回归直线与样本观测值之间拟合优度的检验。

检验的基本原理：总离差平方和的分解

度量拟合优度的指标：可决系数 $R^2 = \dfrac{ESS}{TSS} = 1 - \dfrac{RSS}{TSS}$

2. 参数显著性检验(t 检验)

(1)提出假设：$H_0:\beta_1 = 0;H_1:\beta_1 \neq 0$

(2)以原假设 H_0 构造检验统计量：$t = \dfrac{\hat{\beta}_1}{S(\hat{\beta}_1)} \sim t(n-2)$

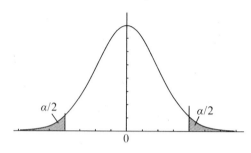

图 8-2　t 检验临界值图

(3)给定显著水平 α，查自由度为 $n-2$ 的 t 分布表，得临界值 $t_{\frac{\alpha}{2}}(n-2)$，确定拒绝域 $|t| > t_{\frac{\alpha}{2}}(n-2)$。

(4)计量统计量值，若 $|t| > t_{\frac{\alpha}{2}}(n-2)$ 则拒绝 H_0，否则接受 H_0。

3. 回归系数的置信区间估计

(1)β_1 的置信区间：$(\hat{\beta}_1 - t_{\frac{\alpha}{2}} \times S(\hat{\beta}_1),\hat{\beta}_1 + t_{\frac{\alpha}{2}} \times S(\hat{\beta}_1))$

由于

$$P\left\{\left|\frac{\hat{\beta}_1 - \beta_1}{s_{(\hat{\beta}_1)}}\right| \leq t_{\alpha(T-2)}\right\} = 1 - \alpha$$

由大括号内不等式得 β_1 的置信区间

$$\hat{\beta}_1 - s_{(\hat{\beta}_1)} t_{\alpha(T-2)} \leq \beta_1 \leq \hat{\beta}_1 + s_{(\hat{\beta}_1)} t_{\alpha(T-2)}$$

其中，$s_{(\hat{\beta}_1)}$ 是 $s^2_{(\hat{\beta}_1)} = \dfrac{1}{\sum (x_t - \bar{x})^2}\hat{\sigma}^2$ 的算术根，而其中的 $\hat{\sigma}$ 是 $\hat{\sigma}^2$ 的算术根。

(2)类似可得 β_0 的置信区间：$(\hat{\beta}_1 - t_{\frac{\alpha}{2}} \times S(\hat{\beta}_0),\hat{\beta}_0 + t_{\frac{\alpha}{2}} \times S(\hat{\beta}_0))$

四、实验过程

实验一：一元线性回归模型的估计与统计检验

【理论依据】绝对收入假说由凯恩斯提出，用于描述居民消费支出和收入之间关系。根据绝对收入假说，考察 2000—2017 年我国居民人均消费支出和人均可支配收入的线性关系。

【模型与数据】$Y = \beta_0 + \beta_1 X$，Y 表示人均消费支出，X 表示人均可支配收入，β_0、β_1 为待估参数。数据来源于《中国统计年鉴》，如表 8-1 所示。

第八章 一元线性回归模型的估计与统计检验

表 8-1　2000—2017 年我国人均可支配收入和消费支出　　　　单位:元

年份	可支配收入 X	消费支出 Y	年份	可支配收入 X	消费支出 Y
2000	3 721	2 875	2009	10 978	7 992
2001	4 070	3 085	2010	12 520	8 922
2002	4 532	3 474	2011	14 551	10 317
2003	5 007	3 795	2012	16 510	11 568
2004	5 661	4 272	2013	18 311	13 220
2005	6 385	4 871	2014	20 167	14 491
2006	7 229	5 431	2015	21 966	15 712
2007	8 584	6 332	2016	23 821	17 111
2008	9 957	7 224	2017	25 974	18 322

实验过程分为六个部分:创建 EViews 工作文件和数据文件;数据输入与显示;变量描述与相关性分析;模型的参数估计;模型的统计检验;模型的预测分析。

1.创建 EViews 工作文件和数据文件

创建 EViews 工作文件有两种方式:一种是菜单法,利用 EViews 菜单来创建;另一种是指令法,在 EViews 界面的命令窗口中键入 CREATE 指令。

(1)菜单法。启动 EViews 8,主界面如图 8-3 所示。

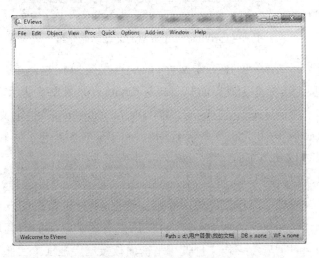

图 8-3　EViews 8 主界面

主界面顶部是标题栏,标题栏下方是菜单栏,菜单栏下方是命令窗口,命令窗口下方为显示窗口,最下方是状态栏。主界面功能介绍如图 8-4 所示。

标题栏:显示工作环境或工作文件的名称。

菜单栏:共有十项子菜单,分别为:File(文件)、Edit(编辑)、Object(对象)、View(视图)、Proc(处理)、Quick(快捷)、Options(选项)、Add-ins(添加)、Window(视窗)、

93

Help(帮助)。

命令窗口:在左起提示符后键入 EViews 命令,例如"CREATE"表示创建工作文件,EViews 命令的字母不区分大小写。

显示窗口:用于显示操作过程中产生的子窗口,子窗口不能移出到显示窗口之外。

状态栏:"Path"显示 EViews 的工作路径,"DB"显示当前使用的数据库名称,"WF"显示当前使用的工作文件名称。

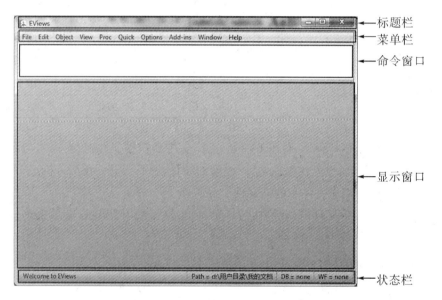

图 8-4 EViews 8 主界面的区域功能介绍

首先利用 EViews 菜单创建工作文件,依次点击菜单栏左侧的"File → New → Workfile",会出现工作文件生成界面"Workfile Create",如图 8-5 所示。"Workfile Create"界面分为三个功能区域,左上区域"Workfile structure type"是定义工作文件的类型,右上区域"Date specification"表示数据的时间类型和跨度,左下区域"Workfile names(optional)"用于对工作文件的标题和所处页面进行命名。

工作文件类型:如图 8-6 所示,有三种工作文件类型可供选择,第一种是"Unstructured/Undated",表示工作文件使用非结构数据,不指定数据的发生时间;第二种是"Dated-regular frequency",表示工作文件使用具有固定频率的时间序列数据;第三种是"Balanced Panel",表示工作文件使用平衡面板数据。根据本实验要求,创建第二种工作文件类型。

时间类型和跨度:如图 8-7 所示,时间类型选项位于"Frequency"对话框中,可选类型有间隔年(Muti-year)、年(Annual)、半年(Semi-annual)、季度(Quarterly)、月(Monthly)、双月(Bimonthly)、双周或 14 天(Fortnight)、10 天(Ten-day)、周(Week)、天(Daily-5 day Week/Daily-7 day Week/Daily-custom Week)、时分(Intraday)、整数天数(Integer date)。

文件命名:"WF"是对工作文件进行命名,名称位于工作文件标题栏;"Page"是对工作文件所处页面进行命名,名称位于显示窗口左下角。

根据本实验,2000—2017 年我国居民人均消费支出与人均可支配收入的工作文件,输入方式如图 8-7 所示,即可成功创建实验一工作文件,如图 8-8 所示。

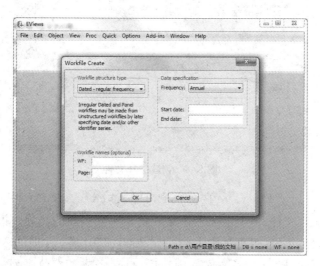

图 8-5　菜单法生成工作文件界面

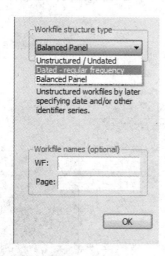

图 8-6　工作文件类型

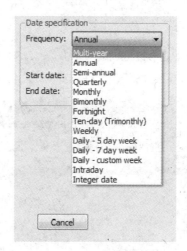

图 8-7　时间类型和跨度

95

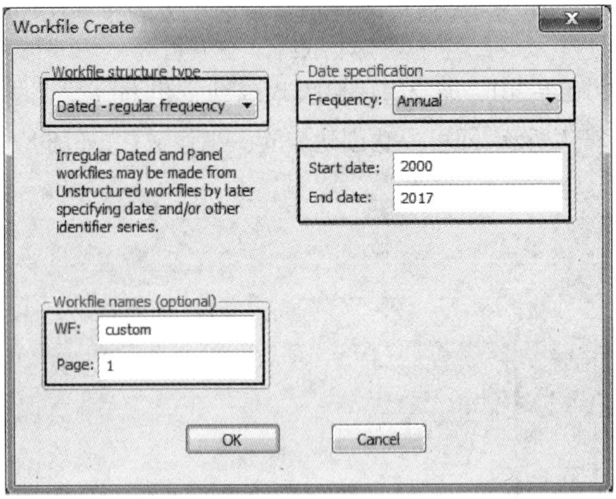

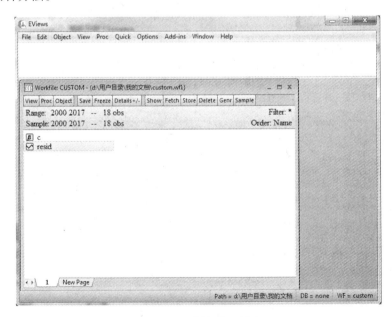

图8-8　创建工作文件

（2）指令法。启动 EViews 8，在命令窗口输入"create a 2000 2017"，即可生成与图8-8相同的工作文件，但不定义工作文件及其所处页面的名称。指令中，"create"表示创建，"a"表示年份（也可写作 annual），"2000""2017"表示时间序列的起止年份。

如图8-9所示，EViews 工作文件创建后，自动生成了参数序列（c）和误差序列（resid），但数据文件要根据模型实际需要来创建。创建数据文件也可分为菜单法和指令法两种方法。

图8-9　工作文件已创建

（1）菜单法。在工作文件的菜单栏中依次点击"Object / New Object"，如图8-10所示。对话框左边选择对象类型"Series"，右边填入变量名称，点击"OK"后，工作文件中会创建一个名为"X"的新序列;变量 Y 的创建方式与 X 相同,如图 8-11、图 8-12 所示。

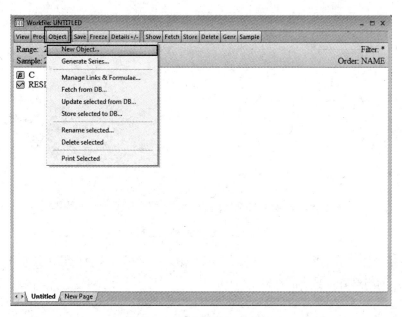

图 8-10　创建数据文件

图 8-11　创建 X 序列

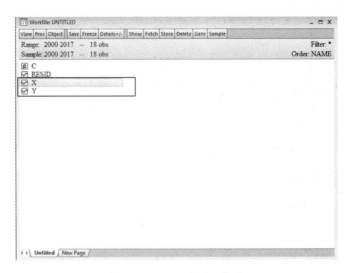

图 8-12　X、Y 序列已生成

（2）指令法。在 EViews 主界面命令窗口输入"data X Y"，即可创建 X、Y 序列，并将 X、Y 序列组合在一起，如图 8-13 所示。

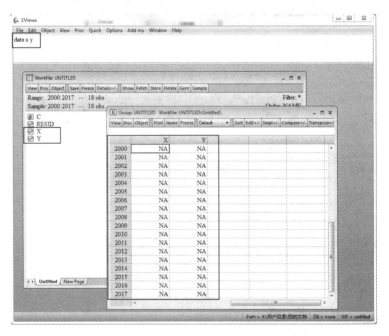

图 8-13　指令法创建 X、Y 序列

2.数据输入与显示

当 X、Y 数据文件创建后，单元格中"NA"表示空值。这时，可在"编辑（Edit+/−）"状态下手动输入相应数据，也可先在 Excel 中将变量数据按列整理好，再将数据复制粘贴至 EViews 数据文件中，如图 8-14、图 8-15 所示。

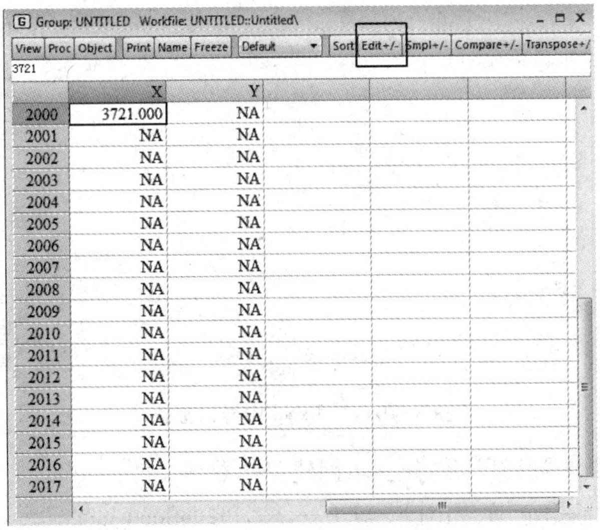

图 8-14　手动输入 X、Y 的数值

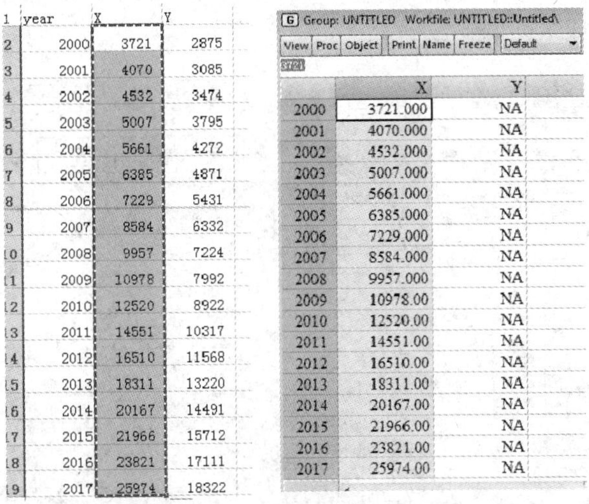

图 8-15　将 Excel 中数据复制粘贴到 EViews 数据文件中

　　如果在 Excel 中提前整理好数据,可以利用菜单法直接创建工作文件和数据文件。启动 EViews,依次点击"File/Open/Foringn Data as Workfile",在对话框左侧选择文件路径,右侧选择文件格式(例如 Excel 电子表格,根据后缀名称选择"Excel 97-2003/Excel file"),如图 8-16 所示。

99

图 8-16 从 Excel 中导入数据

选中文件并点击"打开"后,分三步创建工作数据文件:

第一步,确定数据范围,如图 8-17 所示。"Predefined range"表示 EViews 软件的预定义范围。"Custom range"表示自定义范围,用户可根据实际需要对数据进行调整,调整权限有:"sheet"表示数据所处的工作表,"Start"表示从首行或首列调整数据,"End"表示从末行或末列调整数据。

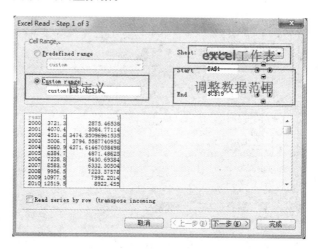

图 8-17 读取 Excel 数据

第二步,确定变量名称并预览数据,如图 8-18 所示。在"Column Header"中,"Header"=1:表示将每列第一个单元格内容作为列名称;"Text Representing NA"表示将文本类型值用"NA"表示;"Column info"表示数据列的信息,可以在此修改列名称和数据类型,默认为"Number",表示数值型。对话框中间位置是预览数据,预览数据下方是"Read series by row",表示变量数据按行读取,用户可根据实际情况进行勾选,本例数据按列读取,故不勾选。

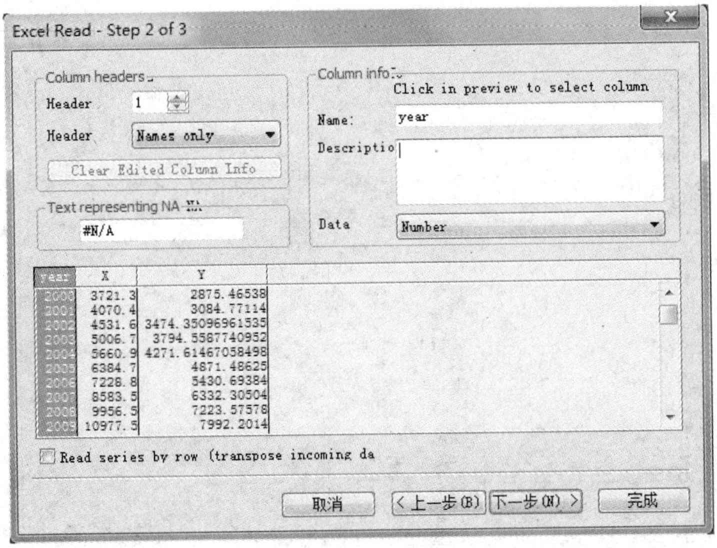

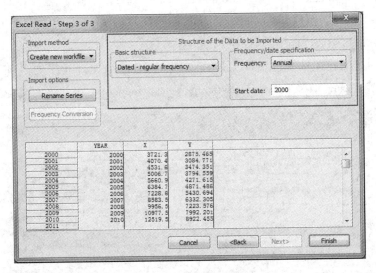

图 8-18 读取 Excel 数据第二步：确定变量名称并预览数据

第三步，确定数据结构，如图 8-19 所示。在"Basic structure"的选项框中选择固定频率时间序列，"Frequency"中选择年份（Annual），"Start Date"输入数据的起始年份。

图 8-19 读取 Excel 数据

单击"Finish"，生成数据文件，如图 8-20 所示。

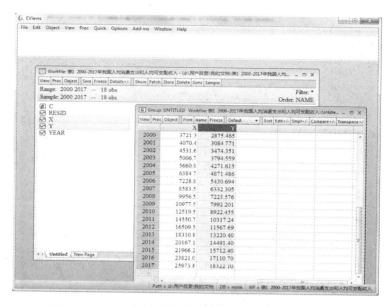

图 8-20　生成数据文件

3.变量描述与相关性分析

（1）变量的描述性统计量。变量的描述性统计量包含均值（Mean）、中位数（Median）、最大值（Maximum）、最小值（Minimum）、标准差（Std. Dev.）、偏度（Skewness）、峰度（Kurtosis）、JB 统计量（Jarque-Bera）及其伴随概率（Probability）、总和（Sum）、离差平方和（Sum Sq.Dev.）、样本数（Observations）。

单个序列的描述性统计量输出过程如图 8-21 所示。打开序列 X，依次单击序列 X 左上角"View/Descriptive Statistics & Tests/Histogram and Stats"。输出结果如

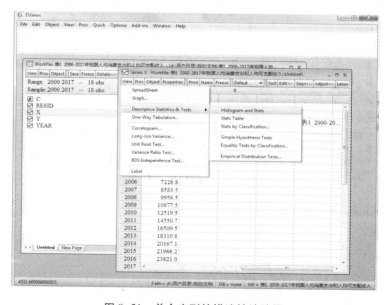

图 8-21　单个序列的描述性统计量

图 8-22 所示,左侧是 X 序列的直方图,右侧是 X 序列的描述性统计量。

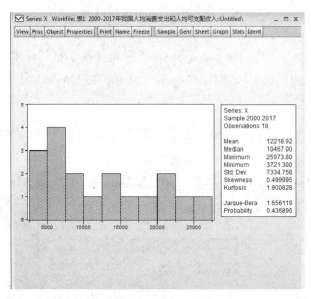

图 8-22　X 序列直方图与描述性统计量

通常情况下,变量的个数不止一个,为能一次性输出所有变量的描述性统计量,需要先建立一个包含多个变量的序列组(group),然后再输出描述性统计量。

创建序列组。在工作文件中,先鼠标左键单点 X 序列,然后按住"Ctrl",点击 Y 序列,放开"Ctrl",可以看到,X、Y 序列都已经被选中。选中之后单击鼠标右键,点击"Open/as Group",如图 8-23 所示。

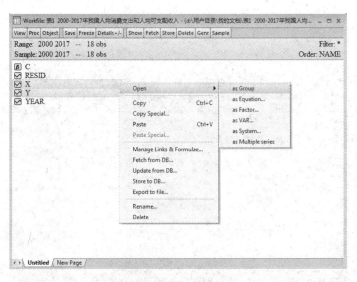

图 8-23　创建序列组

序列组的描述性统计量输出过程如图 8-24 所示。依次点击："View/Descriptive Stats/Common Sample"，即可输出序列组的描述性统计量，如图 8-25 所示。"Common Sample" 与 "Individual Sample" 的不同之处在于，"Common Sample" 要求各个变量的样本数是相同的（不含 NA），"Individual Sample" 则允许各变量的样本数不同。在本例中，X、Y 的样本数相同，因此，选择 "Common Sample" 或 "Individual Sample" 的输出结果是一样的。

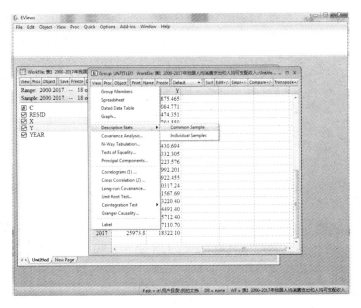

图 8-24　序列组的描述性统计量输出过程

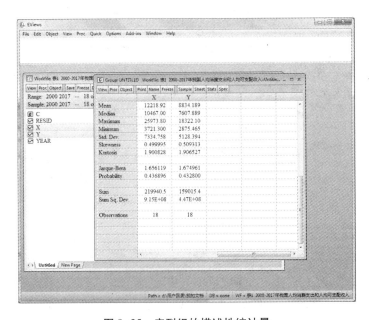

图 8-25　序列组的描述性统计量

（2）变量间相关性分析。变量间相关性是指变量间联系的紧密程度，分为三种类型：正相关、负相关、不相关。基础的相关性分析方法主要有两种：一种是相关系数法，通过相关系数来反映变量间联系的紧密程度；另一种是图示法，构建 X–Y 散点图来观察图中散点的趋势特征。

①相关系数法。打开 X–Y 序列组，依次点击"View/Covariance Analysis"，在弹出的对话框中选中"Covariance""Correlation"，如图 8–26 所示。点击"OK"后，即可输出 X–Y 的相关系数，如图 8–27 所示。在图 8–27 中，每个单元格都有两行数据，上面一行表示方差或协方差，下面一行表示相关系数，因此，X–Y 的相关系数为 0.999 766，表示 X–Y 存在高度相关性。

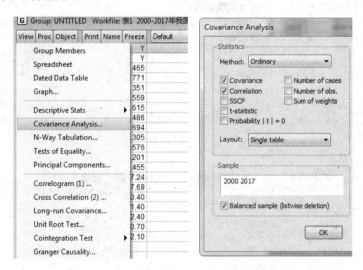

图 8–26　序列组中变量间的相关性分析

图 8–27　生成相关系数

②图示法。打开 X–Y 序列组，如图 8–28 所示，依次点击"View/Graph"，在对话框中选择"Graph Type/Basic type/Scatter"。即可输出 X–Y 散点图，如图 8–29 所示。

从图 8-29 中可以看出,X-Y 散点图呈现规律性的上升趋势,可以预判 X 与 Y 具有较强的相关性。

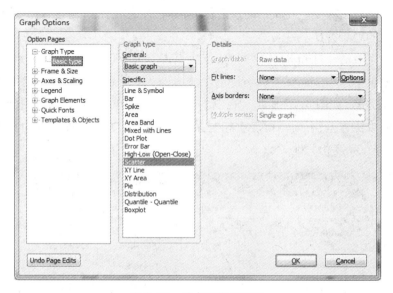

图 8-28　散点图操作流程

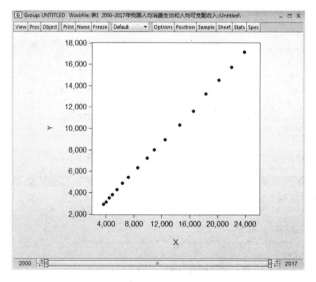

图 8-29　生成 X-Y 散点图

　　散点图的背景颜色、线条、点类型、磅数、刻度尺等属性均可在图 8-30 左侧的选项框中调整。例如图 8-30 中,X 轴数据范围[2 000,26 000],Y 轴数据范围[2 000,18 000]。在 Option Pages 的选项框中依次选择"Axes & Scaling — Data Scaling",在"Bottom axis scaling endpoints"的下拉菜单中选中"User Specified",在"Min"中输入最小值,在"Max"中输入最大值,如图 8-30 所示,设置完成后单击"OK",即可生成图形。

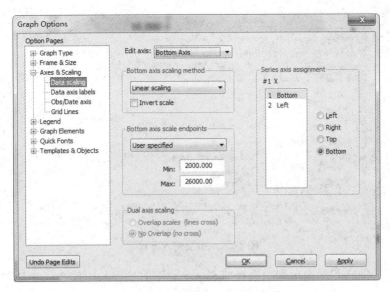

图 8-30 修改散点图的属性

4.模型的参数估计

参数估计是线性模型用于实证分析的关键环节,在一元线性回归模型中,待估参数为 β_0、β_1,其中 β_0 表示经济发展的初始水平,β_1 表示变量间的实证关系。在本案例中,参数估计的操作流程如下:

首先,打开 X-Y 序列组,点击序列组菜单栏"Proc/Make Equation",如图 8-31 所示。

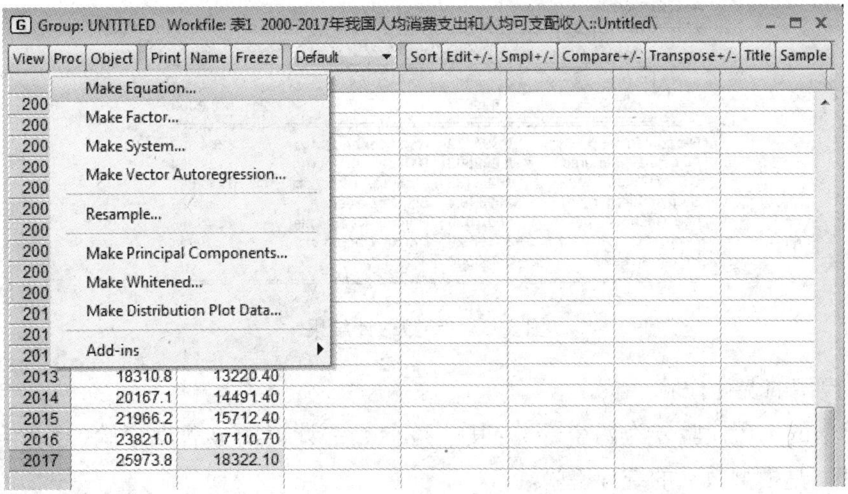

图 8-31 参数估计界面

其次,在对话框中输入模型信息。模型信息有两种输入方式:方式一,在方框内输入"y c x",表示变量 y 是关于常数 c 和变量 x 的方程;方式二,在方框内输入模型"y = c(1)+c(2) * x",c(1)表示常数项,c(2)表示变量 x 的待估参数,如图 8-32 所示。

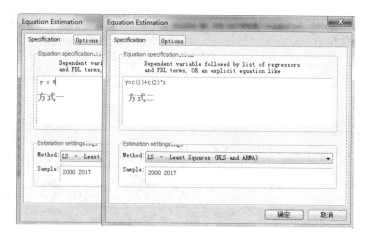

图 8-32　模型输入方式

最后,"Method"的选项框中选择"LS",表示待估参数采用最小二乘法进行估计。点击"确定"后,生成输出结果,如图 8-33 所示。"Coefficient"表示参数估计值,从结果中看,$\beta_0 = 292.84$,$\beta_1 = 0.70$,模型为 $Y = 292.84 + 0.70X$,表示人均可支配收入每增加 1 元,人均消费支出将增加 0.70 元。

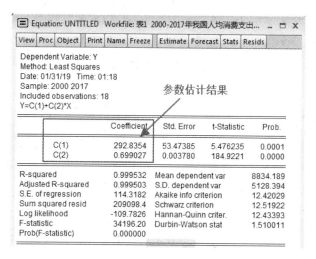

图 8-33　参数估计结果

5.模型的统计检验

模型的统计检验分为两个部分:其一是参数估计值的显著性检验(也称参数检验),其二是模型效果的统计检验。

参数估计值的显著性检验是指,在给定的显著性水平上(如 1%、5% 或者 10% 的临界水平),对被解释变量与解释变量之间的线性关系是否显著成立做出判断。其依据的判断思想是"小概率事件在一次试验中几乎不可能发生",如果小于临界水平,则拒绝原假设 H_0,接受备择假设 H_1。在本例中,需要判断 β_0、β_1 是否显著不为零。参数检验的方法主要有三种：F 检验、t 检验、z 检验，其中以 t 检验最为普遍。

模型效果的统计检验是指，对被解释变量与解释变量之间的拟合效果进行判断。判断依据有三类：拟合优度、信息准则、F 检验。其中，拟合优度 R^2 或者 R^2_a 越接近于1，则模型效果越好；信息准则（AIC、SC、HQC）越小，则模型效果越好；F 值越显著，则模型效果越好。

模型的统计检验信息均输出在图 8-33 的参数估计结果中，图 8-33 中的各个项目意义如下：

（1）左上区域是模型的背景信息。

"Dependent Variable：Y"：表示被解释变量为 Y。

"Method：Least Squares"：表示最小二乘估计法。

"Date：01/31/19 Time：01:18"：表示该模型结果的输出时间。

"Sample：2000 2017"：表示样本的时期。

"Included observations：18"：表示样本数。

"Y=C(1)+C(2)∗X"：表示模型的数理形式。

（2）中间区域是模型的参数估计结果及其显著性信息。

"Coefficient"：表示参数估计值。

"Std.Error"：表示参数估计值的标准误差。

"t-Statistic"：表示 t 统计量。

"Prob."：表示 t 统计量的伴随概率。

（3）下方区域是模型的统计检验信息。

"R-squared"：表示可决系数。

"Adjusted R-squared"：表示调整后的可决系数。

"S.E. of regression"：表示回归标准差。

"Sum squared resid"：表示残差平方和。

"Log likelihood"：表示对数似然值。

"F-statistic"：表示 F 统计量。

"Prob(F-statistic)"：表示 F 统计量的伴随概率。

"Mean dependent var"：表示被解释变量的均值。

"S.D. dependent var"：表示被解释变量的样本标准差。

"Akaike info criterion"：AIC,表示赤池信息准则。

"Schwarz criterion"：SC,表示施瓦茨信息准则。

"Hannan-Quinn criter."：HQC,表示汉南-昆信息准则。

"Durbin-Watson stat"：DW 统计量,表示杜宾-瓦森检验。

在本例的参数检验中，先给定一个参数显著性水平值为 1%（=0.01），可以看到，β_0 的 t 检验值为 5.48,伴随概率为 0.0001,小于给定临界值 0.01,表示 β_0 显著不为零,拒绝原假设为零；β_1 的 t 检验值为 184.92,伴随概率为 0.0000（注意 0.0000 表示伴随概率逼近于0,但并不是等于0),小于给定临界值0.01,表示β_1显著不为零,拒绝原假设为零。从参数检验中可以得出结论:$\beta_0 = 292.84$、$\beta_1 = 0.70$,均是显著成立的。

在统计检验中,可以看到$R^2 = 0.99953$、$R_a^2 = 0.99950$,逼近于1,表明模型的拟合效果较好;AIC、SC、HQC值主要用于两个及以上模型效果的比较,在单个模型效果分析中无须列明;$F = 34196.20$,其伴随概率为0.0000,小于1%的显著水平,表示模型构建是显著成立的。

需要特别说明的是,统计检验上的显著性并不一定表示被解释变量与解释变量之间存在线性关系。在统计检验之前,需要构建起回归变量间的经济联系,并且粗略判断参数值的符号和大小是否符合经济事实。在模型的经济意义检验通过之后,统计检验才能凸显价值。

6.模型的预测分析

预测分析是建模的功能之一,考察模型预测能力效果,可以先观察样本期内模型的预测能力。依次单击模型结果输出窗口左上角"View/Actual, Fitted, Residual/Actual, Fitted, Residual Table",可以得到样本期内的真实值(Actual)、预测值(Fitted)、残差(Residual),以及残差图(Residual Plot),如图8-34所示。

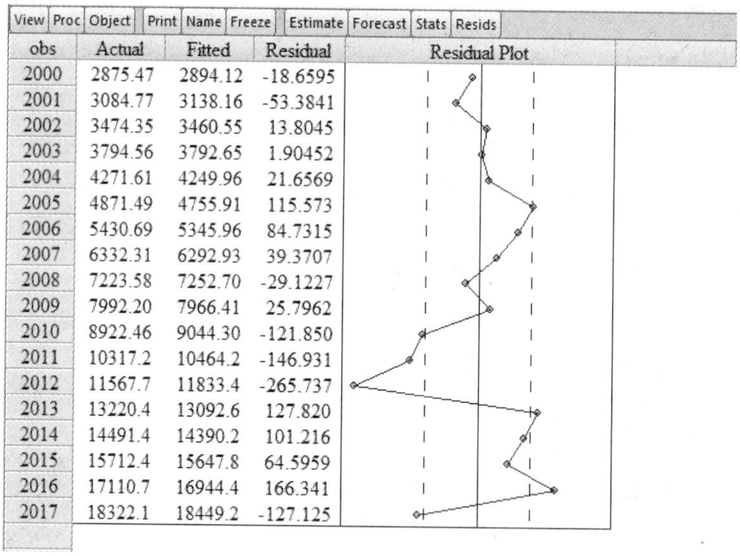

obs	Actual	Fitted	Residual
2000	2875.47	2894.12	-18.6595
2001	3084.77	3138.16	-53.3841
2002	3474.35	3460.55	13.8045
2003	3794.56	3792.65	1.90452
2004	4271.61	4249.96	21.6569
2005	4871.49	4755.91	115.573
2006	5430.69	5345.96	84.7315
2007	6332.31	6292.93	39.3707
2008	7223.58	7252.70	-29.1227
2009	7992.20	7966.41	25.7962
2010	8922.46	9044.30	-121.850
2011	10317.2	10464.2	-146.931
2012	11567.7	11833.4	-265.737
2013	13220.4	13092.6	127.820
2014	14491.4	14390.2	101.216
2015	15712.4	15647.8	64.5959
2016	17110.7	16944.4	166.341
2017	18322.1	18449.2	-127.125

图8-34 被解释变量的真实值、预测值、残差及残差图

假设2018年X=27000,预测2018年Y值。依次点击工作文件中"Proc/Structure/Resize Current Page",在对话框中将样本截止年份修改为2018,如图8-35所示。

图 8-35　修改样本时期

　　然后打开 X 序列,点击"Edit+/-",在 X 序列最下方输入 27 000。如图 8-36 所示。然后在结果输出界面中点击"Forecast",将对话框中"Forecast Sample"修改为"2000 2018",如图 8-37 所示,单击"OK"。即可生成被解释变量 Y 的预测曲线及 2018 年的预测值(数值在新生成的序列 YF 中),如图 8-38 所示。可以得到,在给定 2018 年 X=27 000,那么 Y=19 166.57。

	X
2001	4070.4
2002	4531.6
2003	5006.7
2004	5660.9
2005	6384.7
2006	7228.8
2007	8583.5
2008	9956.5
2009	10977.5
2010	12519.5
2011	14550.7
2012	16509.5
2013	18310.8
2014	20167.1
2015	21966.2
2016	23821.0
2017	25973.8
2018	27000.0

图 8-36　在 X 序列中输入 2018 年给定值

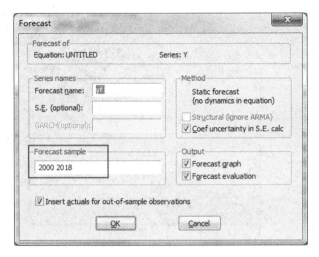

图 8-37　修改预测值的年份

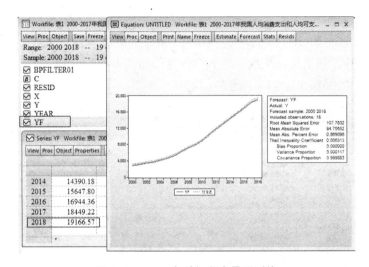

图 8-38　2018 年被解释变量预测值

五、思考题

（1）日元的汇率与汽车出口数量数据如表 8-2 所示。

表 8-2　日元的汇率与汽车出口数量表

年度	1986	1987	1988	1989	1990	1991	1992	1993	1994	1995
X	168	145	128	138	145	135	127	111	102	94
Y	661	631	610	588	583	575	567	502	446	379

注：X：年均汇率（日元/美元）；Y：汽车出口数量（万辆）。

第八章 一元线性回归模型的估计与统计检验

问题:

①画出 X 与 Y 关系的散点图。

②估计直线回归方程拟,解释参数的经济意义。

(2) 日本物价上涨率与失业率的关系如表 8-3 所示。

表 8-3 日本物价上涨率与失业率的关系

年份	物价上涨率 $\dot{P}$ /%	失业率 U /%
1986	0.6	2.8
1987	0.1	2.8
1988	0.7	2.5
1989	2.3	2.3
1990	3.1	2.1
1991	3.3	2.1
1992	1.6	2.2
1993	1.3	2.5
1994	0.7	2.9
1995	-0.1	3.2

①设横轴是 U,纵轴是 $\dot{P}$, 画出散点图。

②对下面的菲力普斯曲线进行 OLS 估计

$$\dot{P} = \alpha + \beta \frac{1}{U} + u$$

③对方程进行拟合优度与变量显著性检验。

(3)深圳市地方预算内财政收入与国内生产总值的关系如表 8-4 所示。

表 8-4 深圳市地方预算内财政收入与国内生产总值表

年份	地方预算内财政收入 Y /亿元	国内生产总值(GDP)X /亿元
1990	21.703 7	171.666 5
1991	27.329 1	236.663 0
1992	42.959 9	317.319 4
1993	67.250 7	449.288 9
1994	74.399 2	615.193 3
1995	88.017 4	795.695 0
1996	131.749 0	950.044 6
1997	144.770 9	1 130.013 3
1998	164.906 7	1 289.019 0
1999	184.790 8	1 436.026 7

表8-4(续)

年份	地方预算内财政收入 Y /亿元	国内生产总值(GDP)X /亿元
2000	225.021 2	1 665.465 2
2001	265.653 2	1 954.653 9

资料来源:《深圳统计年鉴2002》,中国统计出版社

①建立深圳地方预算内财政收入对 GDP 的回归模型;

②估计所建立模型的参数,解释斜率系数的经济意义;

③对回归结果进行检验;

④若是 2005 年年的国内生产总值为 3 600 亿元,确定 2005 年财政收入的预测值和预测区间 ($\alpha = 0.05$)。

(4)某企业研究与发展经费与利润的数据如表8-5所示。

表8-5 某企业研究与发展经费与利润额   单位:万元

年份	1995	1996	1997	1998	1999	2000	2001	2002	2003	2004
研究与发展经费	10	10	8	8	8	12	12	12	11	11
利润额	100	150	200	180	250	300	280	310	320	300

分析企业研究与发展经费与利润额的相关关系,并作回归分析。

(5)为研究中国的货币供应量(以货币与准货币 M2 表示)与国内生产总值(GDP)的相互依存关系,分析表中 1990—2001 年中国货币供应量(M2)和国内生产总值(GDP)的有关数据,结果如表8-6所示。

表8-6 中国的货币供应量与国内生产总值表

年份	货币供应量 M2/亿元	国内生产总值 GDP/亿元
1990	1 529.3	18 598.4
1991	19 349.9	21 662.5
1992	25 402.2	26 651.9
1993	34 879.8	34 560.5
1994	46 923.5	46 670.0
1995	60 750.5	57 494.9
1996	76 094.9	66 850.5
1997	90 995.3	73 142.7
1998	104 498.5	76 967.2
1999	119 897.9	80 579.4
2000	134 610.3	88 228.1
2001	158 301.9	94 346.4

资料来源:中国统计出版社2002年版《中国统计年鉴》的第51页和第662页。

对货币供应量与国内生产总值作相关分析,并说明分析结果的经济意义。

(6)表 8-7 是 16 支公益股票某年的每股账面价值和当年红利。

表 8-7　公益股票每股账面价值和当年红利表　　　　　单位:元

公司序号	账面价值	红利	公司序号	账面价值	红利
1	22.44	2.4	9	12.14	0.80
2	20.89	2.98	10	23.31	1.94
3	22.09	2.06	11	16.23	3.00
4	14.48	1.09	12	0.56	0.28
5	20.73	1.96	13	0.84	0.84
6	19.25	1.55	14	18.05	1.80
7	20.37	2.16	15	12.45	1.21
8	26.43	1.60	16	11.33	1.07

根据表 8-7 的资料:

①建立每股账面价值和当年红利的回归方程;

②解释回归系数的经济意义;

③若序号为 6 的公司的股票每股账面价值增加 1 元,估计当年红利的数额。

(7)美国各航空公司业绩的统计数据公布在《华尔街日报 1999 年年鉴》(*The Wall Street Journal Almanac* 1999)上。航班正点到达的概率和每 10 万名乘客投诉的次数的数据如表 8-8 所示。

表 8-8　美国各航空公司业绩表

航空公司名称	航班正点率/%	投诉率/次/10 万名乘客
西南(Southwest)航空公司	81.8	0.21
大陆(Continental)航空公司	76.6	0.58
西北(Northwest)航空公司	76.6	0.85
美国(US Airways)航空公司	75.7	0.68
联合(United)航空公司	73.8	0.74
美洲(American)航空公司	72.2	0.93
德尔塔(Delta)航空公司	71.2	0.72
美国西部(Americawest)航空公司	70.8	1.22
环球(TWA)航空公司	68.5	1.25

①画出这些数据的散点图。

②根据散点图,说明两个变量之间存在什么关系。

③求出描述投诉率是如何依赖航班按时到达正点率的估计的回归方程。

④对估计的回归方程的斜率做出解释。

⑤如果航班到达的正点率为 80%,估计每 10 万名乘客投诉的次数。

第九章 多元线性回归模型的估计与统计检验

一、实验目的与要求

实验目的：

能使用软件 EViews 进行多元线性回归模型的参数估计和统计检验。

实验要求：

（1）选择方程进行多元线性回归估计；

（2）进行拟合优度、参数显著性和方程显著性检验。

二、实验原理

普通最小二乘法、可决系数、t 检验、F 检验。

三、理论教学内容

（一）多元线性回归模型

1. 多元线性回归模型的形式

$$Y_t = \beta_0 + \beta_1 X_{1t} + \beta_2 X_{2t} + \cdots + \beta_k X_{kt} + \mu_t \Leftrightarrow Y = X\beta + \mu \qquad (9\text{--}1)$$

其中，Y_t 是被解释变量（因变量）、X_{kt} 是解释变量（自变量）、μ_i 是随机误差项、$\beta_i, i = 0, 1, \cdots, k - 1$ 是回归参数（通常未知）。

对经济问题的实际意义：Y_i 与 x_{tj} 存在线性关系，$x_{tj}, j = 0, 1, \cdots, k - 1$，是 y_t 的重要解释变量。u_t 代表众多影响 y_t 变化的微小因素。使 y_t 的变化偏离了 $E(y_t) = \beta_0 +$

第九章 多元线性回归模型的估计与统计检验

$\beta_1 x_{t1} + \beta_2 x_{t2} + \cdots + \beta_{k-1} x_{t\,k-1}$ 决定的 k 维空间平面。

当给定一个样本 $(y_t, x_{t1}, x_{t2}, \cdots, x_{t\,k-1})$，$t = 1, 2, \cdots, T$ 时，上述模型表示为

$$\begin{cases} y_1 = \beta_0 + \beta_1 x_{11} + \beta_2 x_{12} + \cdots + \beta_{k-1} x_{1\,k-1} + u_1, & \text{经济意义}: x_{tj} \text{是} y_t \text{的重要解释变量。} \\ y_2 = \beta_0 + \beta_1 x_{21} + \beta_2 x_{22} + \cdots + \beta_{k-1} x_{2\,k-1} + u_2, & \text{代数意义}: y_t \text{与} x_{tj} \text{存在线性关系。} \\ \cdots\cdots \\ y_T = \beta_0 + \beta_1 x_{T1} + \beta_2 x_{T2} + \cdots + \beta_{k-1} x_{T\,k-1} + u_T, & \text{几何意义}: y_t \text{表示一个多维平面。} \end{cases}$$
$$(9-2)$$

此时 y_t 与 x_{ti} 已知，β_j 与 u_t 未知。

$$\begin{bmatrix} y_1 \\ y_2 \\ \vdots \\ y_T \end{bmatrix} = \begin{bmatrix} 1 & x_{11} & \cdots & x_{1j} & \cdots & x_{1\,k-1} \\ 1 & x_{21} & \cdots & x_{2j} & \cdots & x_{2\,k-1} \\ \cdots & \cdots & \cdots & \cdots & \cdots & \cdots \\ 1 & x_{T1} & \cdots & x_{Tj} & \cdots & x_{T\,k-1} \end{bmatrix}_{(T\times k)} \begin{bmatrix} \beta_0 \\ \beta_1 \\ \vdots \\ \beta_{k-1} \end{bmatrix}_{(k\times 1)} + \begin{bmatrix} u_1 \\ u_2 \\ \vdots \\ u_T \end{bmatrix}_{(T\times 1)} \quad (9-3)$$

$$Y = X\beta + u \quad (9-4)$$

为保证得到最优估计量，回归模型 $(9-4)$ 应满足如下假定条件。

假定 (1) 随机误差项 u_t 是非自相关的，每一误差项都满足均值为零，方差 σ^2 相同且为有限值，即

$$E(u) = 0 = \begin{bmatrix} 0 \\ \vdots \\ 0 \end{bmatrix}, \quad Var(u) = E(uu') = \sigma^2 I = \sigma^2 \begin{bmatrix} 1 & 0 & 0 \\ 0 & \ddots & 0 \\ 0 & 0 & 1 \end{bmatrix}$$

假定 (2) 解释变量与误差项相互独立，即

$$E(X'u) = 0$$

假定 (3) 解释变量之间线性无关。

$$rk(X'X) = rk(X) = k$$

其中 $rk(\cdot)$ 表示矩阵的秩。

假定 (4) 解释变量是非随机的，且当 $T \to \infty$ 时

$$T^{-1}X'X \to Q$$

其中，Q 是一个有限值的非退化矩阵。

最小二乘（OLS）法的原理是求残差（误差项的估计值）平方和最小。代数上是求极值问题。

$$\min S = (Y - X\hat{\beta})'(Y - X\hat{\beta}) = Y'Y - \hat{\beta}'X'Y - Y'X\hat{\beta} + \hat{\beta}'X'X\hat{\beta}$$
$$= Y'Y - 2\hat{\beta}'X'Y + \hat{\beta}'X'X\hat{\beta} \quad (9-5)$$

因为 $Y'X\hat{\beta}$ 是一个标量，所以有 $Y'X\hat{\beta} = \hat{\beta}'X'Y$。公式 $(9-5)$ 的一阶条件为：

$$\frac{\partial s}{\partial \hat{\beta}} = -2X'Y + 2X'X\hat{\beta} = 0 \quad (9-6)$$

化简得

117

$$X'Y = X'X\hat{\beta}$$

因为 $(X'X)$ 是一个非退化矩阵[见假定(3)],所以有

$$\hat{\beta} = (X'X)^{-1}X'Y \tag{9-7}$$

因为 X 的元素是非随机的,$(X'X)^{-1}X$ 是一个常数矩阵,则 $\hat{\beta}$ 是 Y 的线性组合,为线性估计量。

求出 $\hat{\beta}$,估计的回归模型写为

$$Y = X\hat{\beta} + \hat{u} \tag{9-8}$$

其中,$\hat{\beta} = (\hat{\beta}_0 \quad \hat{\beta}_1 \quad \cdots \hat{\beta}_{k-1})'$ 是 β 的估计值列向量,$\hat{u} = (Y - X\hat{\beta})$ 称为残差列向量。因为

$$\hat{u} = Y - X\hat{\beta} = Y - X(X'X)^{-1}X'Y = [I - X(X'X)^{-1}X']Y \tag{9-9}$$

所以 $\hat{u}$ 也是 Y 的线性组合。$\hat{\beta}$ 的期望值和方差是

$$E(\hat{\beta}) = E[(X'X)^{-1}X'Y] = E[(X'X)^{-1}X'(X\beta + u)]$$

$$= \beta + (X'X)^{-1}X'E(u) = \beta \tag{9-10}$$

$$\mathrm{Var}(\hat{\beta}) = E[(\hat{\beta} - \beta)(\hat{\beta} - \beta)'] = E[(X'X)^{-1}X'uu'X(X'X)^{-1}]$$

$$= E[(X'X)^{-1}X'\sigma^2 I X(X'X)^{-1}] = \sigma^2(X'X)^{-1} \tag{9-11}$$

高斯-马尔可夫定理:若前述假定条件成立,OLS 估计量是最佳线性无偏估计量。$\hat{\beta}$ 具有无偏性。$\hat{\beta}$ 具有最小方差特性。$\hat{\beta}$ 具有一致性、渐近无偏性和渐近有效性。

2. 残差的方差

$$s^2 = \hat{u}'\hat{u}/(T-k) \tag{9-12}$$

s^2 是 σ^2 的无偏估计量,$E(s^2) = \sigma^2$。$\hat{\beta}$ 的估计的方差协方差矩阵是

$$\hat{\mathrm{Var}}(\hat{\beta}) = s^2(X'X)^{-1} \tag{9-13}$$

3. 多重确定系数(多重可决系数)

$$Y = X\hat{\beta} + \hat{u} = \hat{Y} + \hat{u} \tag{9-14}$$

总平方和 $SST = \sum_{t=1}^{T}(y_t - \bar{y})^2 = \sum_{t=1}^{T}y_t^2 - \sum_{t=1}^{T}2y_t\bar{y} + \sum_{t=1}^{T}\bar{y}^2$

$$= \sum_{t=1}^{T}y_t^2 - 2\bar{y}\sum_{t=1}^{T}y_t + T\bar{y}^2 = Y'Y - T\bar{y}^2, \tag{9-15}$$

其中,$\bar{y}$ 是 y_t 的样本平均数,定义为 $\bar{y} = (\sum_{t=1}^{T}y_t)/T$。同理,回归平方和为

$$SSR = \sum_{t=1}^{T}(\hat{y}_t - \bar{y})^2 = \hat{Y}'\hat{Y} - T\bar{y}^2 \tag{9-16}$$

其中 $\bar{y}$ 的定义同上。残差平方和为

$$SSE = \sum_{t=1}^{T}(y_t - \hat{y})^2 = \sum_{t=1}^{T}\hat{u}_t^2 = \hat{u}'\hat{u} \tag{9-17}$$

则有如下关系存在:

$$SST = SSR + SSE \tag{9-18}$$

$$R^2 = \frac{SSR}{SST} = \frac{\hat{Y}'\hat{Y} - T\bar{y}^2}{Y'Y - T\bar{y}^2} \tag{9-19}$$

显然有 $0 \leqslant R^2 \leqslant 1$。$R^2 \to 1$,拟合优度越好。

4. 调整的多重确定系数

当解释变量的个数增加时,通常 R^2 不下降,而是上升。为调整因自由度减小带来的损失,又定义调整的多重确定系数 $\bar{R}^2$ 如下:

$$\bar{R}^2 = 1 - \frac{SST/(T-k)}{SST/(T-1)} = 1 - \left(\frac{T-1}{T-k}\right)\left(\frac{SST-SSR}{SST}\right) = 1 - \frac{T-1}{T-k}(1-R^2) \tag{9-20}$$

5. OLS 估计量的分布

若 $u \sim N(0,\sigma^2 I)$,则每个 u_t 都服从正态分布。于是有:

$$Y \sim N(X\beta, \sigma^2 I) \tag{9-21}$$

因 $\hat{\beta}$ 也是 u 的线性组合[见公式(9-7)],依据公式(9-10)和公式(9-11)有:

$$\hat{\beta} \sim N(\beta, \sigma^2(X'X)^{-1}) \tag{9-22}$$

6. 方差分析与 F 检验

与 SST 相对应,自由度 $T-1$ 也被分解为两部分,

$$T - 1 = (k-1) + (T-k) \tag{9-23}$$

回归均方定义为 $MSR = \dfrac{SSR}{k-1}$,误差均方定义为 $MSE = \dfrac{SSE}{T-k}$。

方差分析的情况如表9-1所示。

表 9-1　方差分析表

方差来源	平方和	自由度	均方
回归	$SSR = \hat{Y}'\hat{Y} - T\bar{y}^2$	$k-1$	$MSR = SSR/(k-1)$
误差	$SSE = \hat{u}'\hat{u}$	$T-k$	$MSE = SSE/(T-k)$
总和	$SST = Y'Y - T\bar{y}^2$	$T-1$	

$H_0: \beta_1 = \beta_2 = \cdots = \beta_{k-1} = 0$;$H_1: \beta_j$ 不全为零

$$F = \frac{MSR}{MSE} = \frac{SSR/(k-1)}{SSE/(T-k)} \sim F_{(k-1,T-k)} \tag{9-24}$$

设检验水平为 α,则检验规则为,若 $F \leqslant F_{\alpha(k-1,T-k)}$,接受 H_0;若 $F > F_{\alpha(k-1,T-k)}$,拒绝 H_0。

7. t 检验

$H_0: \beta_j = 0 \ (j=1, 2, \cdots, k-1)$,$H_1: \beta_j \neq 0$

$$t = \frac{\hat{\beta}_j}{s(\hat{\beta}_j)} = \hat{\beta}_j / \sqrt{Var(\hat{\beta})_{j+1}} = \hat{\beta}_j / \sqrt{s^2(X'X)^{-1}_{j+1}} \sim t_{(T-k)} \tag{9-25}$$

判别规则:若 $|t| \leqslant t_{\alpha(T-k)}$,接受 H_0;若 $|t| > t_{\alpha(T-k)}$,拒绝 H_0。

8. β_i 的置信区间

(1)全部 β_i 的联合置信区间接受。

$$F = \frac{1}{k}(\beta - \hat{\beta})'\ (X'X)\ (\beta - \hat{\beta})\ /\ s^2\ \sim\ F_{\alpha(k,T-k)} \tag{9-26}$$

$$(\beta - \hat{\beta})'\ (X'X)\ (\beta - \hat{\beta}) \leqslant s^2 k\ F_{\alpha(k,T-k)},\text{它是一个 } k \text{ 维椭球。} \tag{9-27}$$

(2)单个 β_i 的置信区间。

$$\beta_i = \hat{\beta}_i\ \pm \sqrt{v_{j+1}}\, s\ t_{\alpha/2(T-k)} \tag{9-28}$$

9. 预测

(1)点预测。

$$C = (1 \quad x_{T+1\,1} \quad x_{T+1\,2} \cdots x_{T+1\,k-1}) \tag{9-29}$$

则 $T+1$ 期被解释变量 y_{T+1} 的点预测式是:

$$\hat{y}_{T+1} = C\hat{\beta} = \hat{\beta}_0 + \hat{\beta}_1 x_{T+1\,1} + \cdots + \hat{\beta}_{k-1} x_{T+1\,k-1} \tag{9-30}$$

(2) $E(y_{T+1})$ 的置信区间预测。

首先求点预测式 $C\hat{\beta}$ 的抽样分布

$$E(\hat{y}_{T+1}) = E(C\hat{\beta}) = C\beta \tag{9-31}$$

$$\begin{aligned}
\mathrm{Var}(\hat{y}_{T+1}) = \mathrm{Var}(C\hat{\beta}) &= E\big[\ (C\hat{\beta} - C\beta)\ (C\hat{\beta} - C\beta)'\ \big] \\
&= E\{C\ (\hat{\beta} - \beta)\ [C\ (\hat{\beta} - \beta)]'\ \} = C\, E[(\hat{\beta} - \beta)\ (\hat{\beta} - \beta)']C' \\
&= C\, \mathrm{Var}(\hat{\beta})C' = C\, \sigma^2 (X'X)^{-1}C' = \sigma^2 C\ (X'X)^{-1}C' \tag{9-32}
\end{aligned}$$

因为 $\hat{\beta}$ 服从多元正态分布,所以 $C\hat{\beta}$ 也是一个多元正态分布变量,即

$$\hat{y}_{T+1} = C\hat{\beta}\ \sim\ N\ (C\beta,\ \sigma^2 C\ (X'X)^{-1}C') \tag{9-33}$$

构成 t 分布统计量如下

$$t = \frac{\hat{y}_{T+1} - E(\hat{y}_{T+1})}{s\sqrt{C(X'X)^{-1}C'}} = \frac{C\hat{\beta} - C\beta}{s\sqrt{C(X'X)^{-1}C'}}\ \sim\ t_{(T-k)} \tag{9-34}$$

置信区间 $\qquad C\hat{\beta}\ \pm t_{\alpha/2\,(1,\,T-k)}\, s\sqrt{C(X'X)^{-1}C'} \tag{9-35}$

(3)单个 y_{T+1} 的置信区间预测。

y_{T+1} 值与点预测值 $\hat{y}_{T+1}$ 有以下关系:

$$y_{T+1} = \hat{y}_{T+1} + u_{T+1} \tag{9-36}$$

其中 u_{T+1} 是随机误差项。因为

$$E(y_{T+1}) = E(\hat{y}_{T+1} + u_{T+1}) = C\beta \tag{9-37}$$

$$\begin{aligned}
\mathrm{Var}(y_{T+1}) = \mathrm{Var}(\hat{y}_{T+1}) + \mathrm{Var}(u_{T+1}) &= \sigma^2 C\ (X'X)^{-1}C' + \sigma^2 \\
&= \sigma^2 [C\ (X'X)^{-1}C' + 1] \tag{9-38}
\end{aligned}$$

因为 $\hat{\beta}$ 服从多元正态分布,所以 y_{T+1} 也是一个多元正态分布变量,即

$$y_{T+1}\ \sim\ N\ [C\beta,\ \sigma^2 C\ (X'X)^{-1}C' + 1]$$

与上相仿,单个 y_{T+1} 的置信区间是

$$C\hat{\beta} \pm t_{\alpha/2(T-k)} s\sqrt{C(X'X)^{-1}C' + 1} \qquad (9-39)$$

四、实验过程

实验二:多元线性回归模型的估计与统计检验

【理论依据】索洛增长模型也称为索洛-斯旺模型,它是由罗伯特·索洛(Robert Solow)和 T.W.斯旺(T.W.Swan)于 1956 年共同建立的。索洛增长模型包含四个变量:产出(Y)、资本(K)、劳动(L)、技术进步(A),假定技术进步为常数,那么索洛增长模型的生产函数形式可表示成: $Y = AK^{\alpha}L^{\beta}$,线性化为: $\ln Y = \ln A + \alpha\ln K + \beta\ln L$。其中,参数 α、β 分别反映产出的资本弹性和劳动弹性,弹性越大,则被解释变量对解释变量的变动越敏感。

【模型与数据】$\ln Y = \ln A + \alpha\ln K + \beta\ln L$,$Y$ 表示 GDP(亿元)、K 表示固定资产投资(亿元)、L 表示年平均劳动人口数(万人)。为考察 2000—2017 年我国产出的资本弹性 α 和劳动弹性 β,建立多元线性回归模型,相关数据来源于《中国统计年鉴》和《中国人口和就业统计年鉴》,如表 9-2 所示。

表 9-2　2000—2017 年我国 GDP、固定资产投资和劳动力

年份	Y	K	L	年份	Y	K	L
2000	100 280	32 918	72 085	2009	349 081	224 599	75 828
2001	110 863	37 214	72 797	2010	413 030	251 684	76 105
2002	121 717	43 500	73 280	2011	489 301	311 485	76 420
2003	137 422	55 567	73 736	2012	540 367	374 695	76 704
2004	161 840	70 477	74 264	2013	595 244	446 294	76 977
2005	187 319	88 774	74 647	2014	643 974	512 021	77 253
2006	219 439	109 998	74 978	2015	689 052	562 000	77 451
2007	270 232	137 324	75 321	2016	743 586	606 466	77 603
2008	319 516	172 828	75 564	2017	827 122	641 238	77 640

实验过程分为五个部分:数据输入与显示;变量描述与相关性分析;模型的参数估计;模型的统计检验;模型的预测分析。

1.数据输入与显示

数据输入方式参照实验一中图 8-15 至图 8-19。数据输入后,按照图 8-22 将 Y、K、L 生成序列组,如图 9-1 所示。

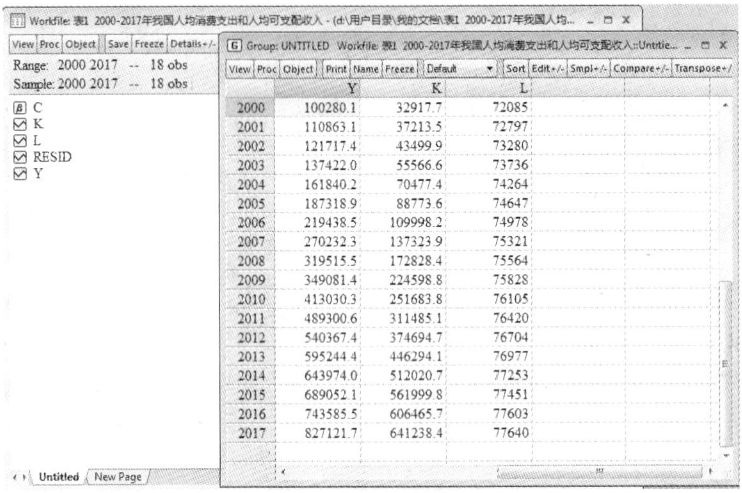

	Y	K	L
2000	100280.1	32917.7	72085
2001	110863.1	37213.5	72797
2002	121717.4	43499.9	73280
2003	137422.0	55566.6	73736
2004	161840.2	70477.4	74264
2005	187318.9	88773.6	74647
2006	219438.5	109998.2	74978
2007	270232.3	137323.9	75321
2008	319515.5	172828.4	75564
2009	349081.4	224598.8	75828
2010	413030.3	251683.8	76105
2011	489300.6	311485.1	76420
2012	540367.4	374694.7	76704
2013	595244.4	446294.1	76977
2014	643974.0	512020.7	77253
2015	689052.1	561999.8	77451
2016	743585.5	606465.7	77603
2017	827121.7	641238.4	77640

图 9-1　创建 Y、K、L 序列组

2.变量描述与相关性分析

(1)变量描述。在图 9-1 序列组中,依次点击:"View/Descriptive Stats/Common Sample",即可输出 Y、K、L 三变量的描述性统计量,如图 9-2 所示。

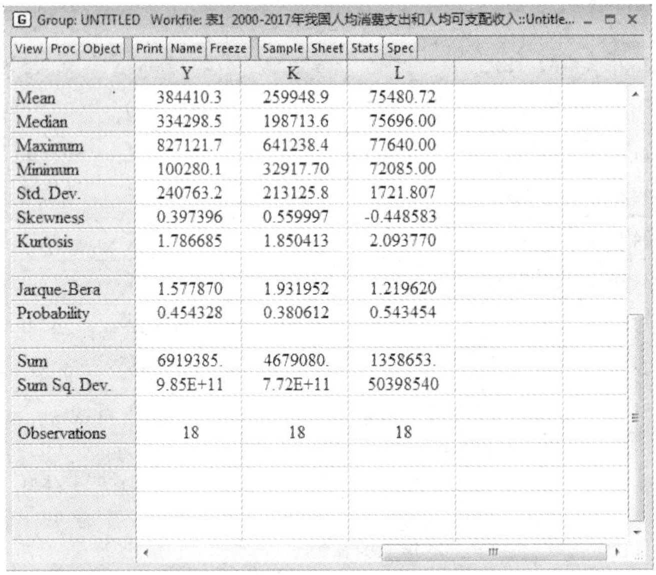

	Y	K	L
Mean	384410.3	259948.9	75480.72
Median	334298.5	198713.6	75696.00
Maximum	827121.7	641238.4	77640.00
Minimum	100280.1	32917.70	72085.00
Std. Dev.	240763.2	213125.8	1721.807
Skewness	0.397396	0.559997	-0.448583
Kurtosis	1.786685	1.850413	2.093770
Jarque-Bera	1.577870	1.931952	1.219620
Probability	0.454328	0.380612	0.543454
Sum	6919385.	4679080.	1358653.
Sum Sq. Dev.	9.85E+11	7.72E+11	50398540
Observations	18	18	18

图 9-2　Y、K、L 的描述性统计量

从图 9-2 描述性统计量中,可知 Y、K、L 的均值分别为 384 410.3、259 948.9、75 480.72,标准差分别为 240 763.2、213 125.8、1 721.807,还可在图 9-2 中得到各个变量的中位数、极值、偏度、峰度等信息。

(2)相关性分析。在序列组中,依次点击"View/Covariance Analysis",在弹出的对话框中勾选"Correlation",点击"OK"后,即可输出 Y、K、L 的相关系数,如图 9-3 所示。

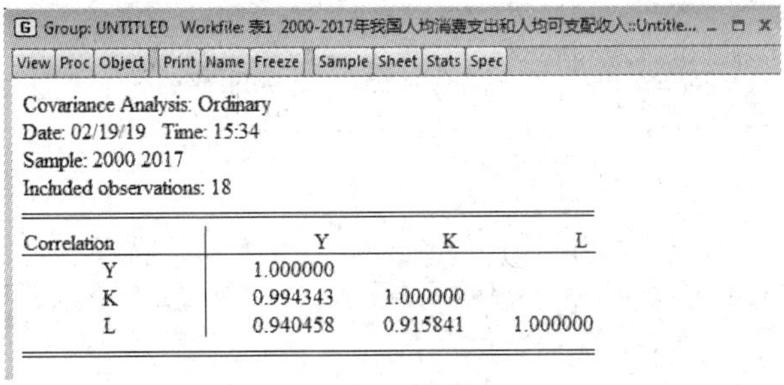

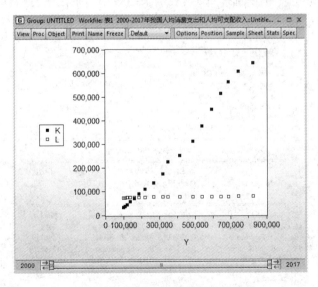

图 9-3　Y、K、L 的相关系数

从图 9-3 中可知,Y 与 K 的相关系数为 0.994 3、Y 与 L 的相关系数为 0.940 5、K 与 L 的相关系数为 0.915 8,表明 Y、K、L 两两之间存在高度的正相关性。

点击序列组对话框中菜单栏的"Sheet",返回数据表格界面,再依次点击"View/ Graph",在对话框中选择"Graph Type/Basic type/Scatter",即可输出 K-Y、L-Y 散点图,如图 9-4 所示。从图中看出,K-Y 散点图呈现规律性的上升趋势,表明 K 与 Y 具有较强的相关性;L-Y 散点图呈现平缓上升特征,亦表明 L 与 Y 具有稳定的相关关系。

图 9-4　K-Y、L-Y 的相关趋势图

3. 模型的参数估计

多元线性回归模型的待估参数至少包含三个,即常数项、解释变量 X_1、X_2、X_3 等,在本例中,待估参数为常数项、α、β 三个参数。

在 Y、K、L 序列组中,点击序列组菜单栏"Proc/Make Equation",在方程命令输入框中输入"log(Y) C log(K) log(L)",或者写成方程形式"log(Y)= C(1)+C(2) * log(k)+C(3) * log(L)",如图 9-5 所示。

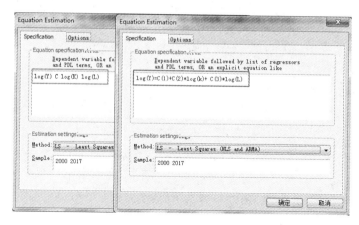

图9-5　多元线性模型的命令输入形式

需要注意的是,由于本例中线性回归模型的形式为:$\ln Y = \ln A + \alpha \ln K + \beta \ln L$,因此在命令输入过程中,要对 Y、K、L 变量均取对数(log),表示取各变量的自然对数。如果不取对数,那么原线性回归模型会变成 $Y = A + \alpha K + \beta L$,这时,$\alpha$、$\beta$ 的参数经济意义就与原模型的经济意义完全不同了。

在"Method"的选项框中选择"LS",表示采用最小二乘法进行估计。点击"确定"后,生成多元线性回归模型的参数估计结果,如图9-6所示。

	Coefficient	Std. Error	t-Statistic	Prob.
Dependent Variable: LOG(Y)				
Method: Least Squares				
Date: 02/19/19　Time: 16:05				
Sample: 2000 2017				
Included observations: 18				
LOG(Y)=C(1)+C(2)*LOG(K)+C(3)*LOG(L)				
C(1)	46.64933	31.73230	1.470090	0.1622
C(2)	0.782792	0.065013	12.04053	0.0000
C(3)	-3.867832	2.894480	-1.336279	0.2014
R-squared	0.997828	Mean dependent var		12.64126
Adjusted R-squared	0.997538	S.D. dependent var		0.712175
S.E. of regression	0.035338	Akaike info criterion		-3.696714
Sum squared resid	0.018731	Schwarz criterion		-3.548319
Log likelihood	36.27043	Hannan-Quinn criter.		-3.676253
F-statistic	3444.834	Durbin-Watson stat		1.777582
Prob(F-statistic)	0.000000			

图9-6　多元线性回归模型的参数估计结果

4.模型的统计检验

根据图9-6,对模型参数进行显著性检验,先给定一个参数显著性水平值为1%(=0.01),可以看到,常数项 C(1) 的 t 检验值为1.47,伴随概率为0.16,大于给定临界值0.01,表明常数项 C(1) 不显著,不能拒绝常数项为零的原假设;

α(即 C(2))的 t 检验值为12.04,伴随概率为0.0000,小于给定临界值0.01,表

示 α 显著,拒绝 $\alpha = 0$ 的原假设;

β（即 C(3)）的 t 检验值为-1.34,伴随概率为0.20,大于给定临界值0.01,表示 β 不显著,不能拒绝 $\beta = 0$ 的原假设。

上述参数显著性检验结果为:参数 α 检验通过,常数项和参数 β 检验不通过。

在统计检验中,可以看到 $R^2 = 0.9978$、$R_a^2 = 0.9975$,逼近于1,表明模型的拟合效果较好;$F = 3444.84$,其伴随概率为0.0000,小于1%的显著水平,表示模型构建是显著成立的。

正如前文所述,在统计检验之前,需要构建起回归变量间的经济联系,并且粗略判断参数值的符号和大小是否符合经济事实。在模型的经济意义检验通过之后,统计检验才能凸显其价值。此案例中,产出的劳动弹性为负值,这既不符合经济增长理论,也不符合我国经济增长的事实。在对 β 的参数显著性检验中可以看到,在显著性水平为1%的条件下,不能拒绝 β 为零的原假设($0.20 > 0.01$),进一步表明 $\beta = -3.86$ 不可信。

因此,我们需要重新审视建模的合理性。在原模型 $\ln Y = \ln A + \alpha \ln K + \beta \ln L$ 中,未给出资本、劳动对产出的规模报酬条件,假设我们给定在样本期内,资本和劳动对产出的规模报酬不变,即 $\alpha + \beta = 1$,则原模型可变为:$\ln Y = \ln A + \alpha \ln K + (1 - \alpha)\ln L$。根据新建模型,在 Y、K、L 序列组中,点击菜单栏"Proc/Make Equation",在方程命令输入框中输入:"$\log(Y) = C(1) + C(2) * \log(k) + (1 - C(2)) * \log(L)$",如图 9-7 所示。

在"Method"选项框中选择"LS",单击"确定",生成受限参数估计结果,如图 9-8 所示。

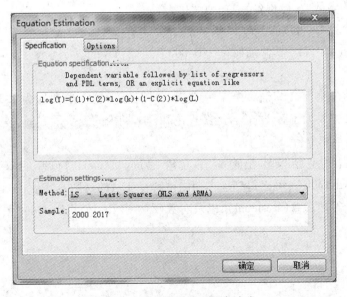

图 9-7　输入模型的函数表达式

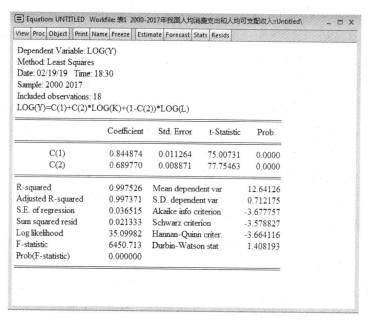

图 9-8　受限参数模型输出结果

根据图 9-8，常数项 C(1) 的 t 检验值为 75.01，伴随概率为 0.000 0，小于给定临界值 0.01，表明常数项 C(1) 显著，拒绝原假设；

α（即 C(2)）的 t 检验值为 77.75，伴随概率为 0.000 0，小于给定临界值 0.01，表示 α 显著，拒绝原假设；

通过 α 的参数值，可得 $\beta = 1 - \alpha = 0.31$。

在统计检验中，可以看到 $R^2 = 0.997\,5$、$R_a^2 = 0.997\,4$，逼近于 1，表明模型的拟合效果较好；$F = 6\,450.71$，其伴随概率为 0.000 0，小于 1% 的显著水平，表示模型构建是显著成立的。

受限参数模型反映，资本的产出弹性为 0.69，劳动的产出弹性为 0.31，资本对经济增长的拉动力要大于劳动，符合经济理论和样本期内的经济事实。

5.模型的预测分析

依次点击模型结果输出窗口左上角"View/Actual，Fitted，Residual/Actual，Fitted，Residual Table"，可以得到样本期内被解释变量的对数真实值（Actual）、对数预测值（Fitted）、对数残差（Residual），以及对数残差图（Residual Plot），如图 9-9 所示。

126

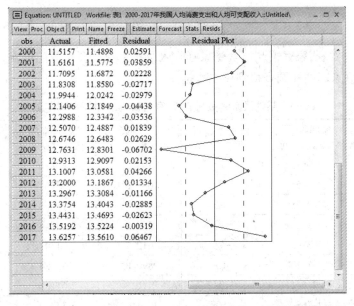

图9-9　被解释变量的对数真实值、对数预测值、对数残差及残差图

假设 2018 年 $K=660\ 000$ 亿元、$L=77\ 700$ 万人，预测 2018 年的 GDP。与图 8-35 至图 8-38 类似，先在工作文件中修改时期，点击"Proc/Structure/Resize Current Page"，在对话框中将样本截止年份修改为 2018。然后，将 $K=660\ 000$、$L=77\ 700$ 输入序列组，进行回归。在结果输出界面中点击"Forecast"，将对话框中"Forecast Sample"修改为"2000 2018"，单击"OK"即可生成被解释变量 Y 的预测曲线及 2018 年的预测值（数值在新生成的序列 YF 中），如图 9-10 所示。可知，在给定 2018 年 $K=660\ 000$、$L=77\ 700$，那么 $Y=791\ 089.6$。

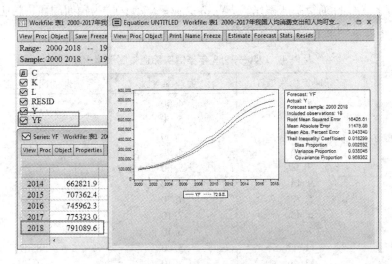

图9-10　2018 年被解释变量 Y 预测值

五、思考题

1. 经研究发现,家庭书刊消费受家庭收入及户主受教育年数的影响,表9-3 中为对某地区部分家庭抽样调查得到样本数据。

表9-3　某地区家庭书刊消费、家庭收入、户主受教育年数

家庭书刊年消费支出 Y/元	家庭月平均收入 X/元	户主受教育年数 T/年	家庭书刊年消费支出 Y/元	家庭月平均收入 X/元	户主受教育年数 T/年
450	1 027.2	8	793.2	1 998.6	14
507.7	1 045.2	9	660.8	2 196	10
613.9	1 225.8	12	792.7	2 105.4	12
563.4	1 312.2	9	580.8	2 147.4	8
501.5	1 316.4	7	612.7	2 154	10
781.5	1 442.4	15	890.8	2 231.4	14
541.8	1 641	9	1 121	2 611.8	18
611.1	1 768.8	10	1 094.2	3 143.4	16
1 222.1	1 981.2	18	1 253	3 624.6	20

(1)建立家庭书刊消费的计量经济模型;

(2)利用样本数据估计模型的参数;

(3)检验户主受教育年数对家庭书刊消费是否有显著影响;

(4)分析所估计模型的经济意义和作用。

2. "期望扩充菲利普斯曲线"(Expectations-augmented Phillips curve)模型为:

$$Y_t = \beta_1 + \beta_2 X_{2t} + \beta_3 X_{3t} + u_t$$

其中,Y_t 为实际通货膨胀率(%);X_{2t} 为失业率(%);X_{3t} 为预期的通货膨胀率(%)。表9-4 为某国的有关数据。

表9-4　1970—1982 年某国实际通货膨胀率 Y 　　　　　　　单位:%

年份	实际通货膨胀率 Y	失业率 X2	预期的通货膨胀率 X3
1970	5.92	4.90	4.78
1971	4.30	5.90	3.84
1972	3.30	5.60	3.31
1973	6.23	4.90	3.44
1974	10.97	5.60	6.84
1975	9.14	8.50	9.47
1976	5.77	7.70	6.51
1977	6.45	7.10	5.92
1978	7.60	6.10	6.08
1979	11.47	5.80	8.09
1980	13.46	7.10	10.01
1981	10.24	7.60	10.81
1982	5.99	9.70	8.00

(1)对此模型作估计,并做出经济学和计量经济学的说明。

(2)根据此模型的估计结果,作计量经济学的检验。

(3)计算修正的可决系数(写出详细计算过程)。

3.某地区城镇居民人均全年耐用消费品支出、人均年可支配收入及耐用消费品价格指数的统计资料如表9-5所示。

表9-5 某地区城镇居民消费、收入与价格表

年份	人均耐用消费品支出 Y/元	人均年可支配收入 X1/元	耐用消费品价格指数 X2(1990年=100)
1991	137.16	1 181.4	115.96
1992	124.56	1 375.7	133.35
1993	107.91	1 501.2	128.21
1994	102.96	1 700.6	124.85
1995	125.24	2 026.6	122.49
1996	162.45	2 577.4	129.86
1997	217.43	3 496.2	139.52
1998	253.42	4 283.0	140.44
1999	251.07	4 838.9	139.12
2000	285.85	5 160.3	133.35
2001	327.26	5 425.1	126.39

利用表中数据,建立该地区城镇居民人均全年耐用消费品支出关于人均年可支配收入和耐用消费品价格指数的回归模型,进行回归分析,并检验人均年可支配收入及耐用消费品价格指数对城镇居民人均全年耐用消费品支出是否有显著影响。

4.表9-6给出的是1960—1982年间7个OECD国家的能源需求指数(Y)、实际GDP指数($X1$)、能源价格指数($X2$)的数据,所有指数均以1970年为基准(1970=100)。

表9-6 OECD国家的能源需求表

年份	能源需求 指数 Y	实际GDP 指数 $X1$	能源价格 指数 $X2$	年份	能源需求 指数 Y	实际GDP 指数 $X1$	能源价格 指数 $X2$
1960	54.1	54.1	111.9	1972	97.2	94.3	98.6
1961	55.4	56.4	112.4	1973	100.0	100.0	100.0
1962	58.5	59.4	111.1	1974	97.3	101.4	120.1
1963	61.7	62.1	110.2	1975	93.5	100.5	131.0
1964	63.6	65.9	109.0	1976	99.1	105.3	129.6
1965	66.8	69.5	108.3	1977	100.9	109.9	137.7
1966	70.3	73.2	105.3	1978	103.9	114.4	133.7
1967	73.5	75.7	105.4	1979	106.9	118.3	144.5
1968	78.3	79.9	104.3	1980	101.2	119.6	179.0
1969	83.3	83.8	101.7	1981	98.1	121.1	189.4
1970	88.9	86.2	97.7	1982	95.6	120.6	190.9
1971	91.8	89.8	100.3				

（1）建立能源需求与收入和价格之间的对数需求函数 $\ln Y_t = \beta_0 + \beta_1 \ln X1_t + \beta_2 \ln X2_t + u_t$，解释各回归系数的意义，用 P 值检验所估计回归系数是否显著。

（2）再建立能源需求与收入和价格之间的线性回归模型 $Y_t = \beta_0 + \beta_1 X1_t + \beta_2 X2_t + u$，解释各回归系数的意义，用 P 值检验所估计回归系数是否显著。

（3）比较所建立的两个模型。如果两个模型的结论不同，你将选择哪个模型？为什么？

第十章　多重共线性的检验与修正

一、实验目的与要求

实验目的：

掌握多重共线性模型的检验方法、处理方法。

实验要求：

了解辅助回归检验和掌握可决系数值和 t 值检验，解释变量相关系数检验，先验信息解决法。

二、实验原理

可决系数值和 t 值检验、解释变量相关系数和辅助回归检验、先验信息法。

三、理论教学内容

1. 多重共线性的含义

完全多重共线性与近似多重共线性。

2. 实际经济问题中的多重共线性

(1)经济变量相关的共同趋势。

(2)模型设定不谨慎。

(3)样本资料的限制。

3. 多重共线性的后果

（1）完全共线性下参数估计量不存在。

（2）近似共线性下普通最小二乘法参数估计量增大（但仍有效）。

注意：在所有线性无偏估计量中，OLS 估计量的方差最小，这是由高斯－马尔科夫定理所决定的。所以，一般共线性并未破坏最小方差性（有效性），但有效（最小方差）并不意味该最小方差真的很小。

（3）参数估计量经济含义不合理。

（4）变量的显著性检验失去意义。

（5）模型的预测功能失效。

变大的方差容易使区间预测的"区间"变大，使预测失去意义。

4. 多重共线性的检验

（1）任务。

①检验多重共线性是否存在；

②估计多重共线性的范围。

（2）检验多重共线性是否存在：

①对两个解释变量的模型，采用简单相关系数法；

②对多个解释变量的模型，采用综合统计检验法；

③判定系数检验法；

④逐步回归法：

（a）用被解释变量对每一个所考虑的解释变量做简单回归。并给解释变量的重要性按可决系数大小排序。

（b）以对被解释变量贡献最大的解释变量所对应的回归方程为基础，按解释变量重要性大小为顺序逐个引入其余的解释变量。这个过程会出现 3 种情形：情形一，若新变量的引入改进了 R^2，且回归参数的 t 检验在统计上也是显著的，则该变量在模型中予以保留；情形二，若新变量的引入未能改进 R^2，且对其他回归参数估计值的 t 检验也未带来什么影响，则认为该变量是多余的，应该舍弃；情形三，若新变量的引入未能改进 R^2，且显著地影响了其他回归参数估计值的符号与数值，同时本身的回归参数也通不过 t 检验，这说明出现了严重的多重共线性，应舍弃该变量。

5. 克服多重共线性的方法

（1）直接合并解释变量。当模型中存在多重共线性时，在不失去实际意义的前提下，可以把有关的解释变量直接合并，从而降低或消除多重共线性。

如果研究的目的是预测全国货运量，那么可以把重工业总产值和轻工业总产值合并为工业总产值，从而使模型中的解释变量个数减少到两个以消除多重共线性。甚至还可以与农业总产值合并，变为工农业总产值。解释变量变成了一个，自然消除了多重共线性。

（2）利用已知信息合并解释变量。通过经济理论及对实际问题的深刻理解，对发

生多重共线性的解释变量引入附加条件从而减弱或消除多重共线性。比如二元回归
模型

$$y_t = \beta_0 + \beta_1 x_{t1} + \beta_2 x_{t2} + u_t \tag{10-1}$$

x_1 与 x_2 间存在多重共线性。如果依据经济理论或对实际问题的深入调查研究，
能给出回归系数 β_1 与 β_2 的某种关系，例如

$$\beta_2 = \lambda \beta_1 \tag{10-2}$$

其中 λ 为常数。把上式代入模型（10-2），得

$$y_t = \beta_0 + \beta_1 x_{t1} + \lambda \beta_1 x_{t2} + u_t = \beta_0 + \beta_1(x_{t1} + \lambda x_{t2}) + u_t \tag{10-3}$$

令

$$x_t = x_{t1} + \lambda x_{t2}$$

得

$$y_t = \beta_0 + \beta_1 x_t + u_t \tag{10-4}$$

模型（10-4）是一元线性回归模型，所以不再有多重共线性问题。用普通最小二
乘法估计模型（10-4），得到 $\hat{\beta}_1$，然后再利用公式（10-2）求出 $\hat{\beta}_2$。

下面以道格拉斯（Douglass）生产函数为例，做进一步说明。

$$Y_t = K \, L_t^{\alpha} C_t^{\beta} e^{u^t} \tag{10-5}$$

其中，Y_t表示产出量，L_t表示劳动力投入量，C_t表示资本投入量。两侧取自然对
数后，

$$LnY_t = LnK_t + \alpha LnL_t + \beta LnC_t + u_t \tag{10-6}$$

因为劳动力（L_t）与资本（C_t）常常是高度相关的，所以 LnL_t 与 LnC_t 也高度相关，致
使无法求出 α, β 的精确估计值。假如已知所研究的对象属于规模报酬不变型，即得到
一个条件

$$\alpha + \beta = 1$$

利用这一关系把模型（10-6）变为

$$LnY_t = LnK_t + \alpha \, LnL_t + (1-\alpha) \, LnC_t + u_t$$

整理后，

$$Ln\left(\frac{Y_t}{C_t}\right) = Ln \, K_t + \alpha \, Ln\left(\frac{L_t}{C_t}\right) + u_t \tag{10-7}$$

变成了 $Ln(Y_t/C_t)$ 对 $Ln(L_t/C_t)$ 的一元线性回归模型，自然消除了多重共线性。
估计出 α 后，再利用关系式 $\alpha + \beta = 1$，估计 β。

（3）增加样本容量或重新抽取样本。这种方法主要适用于由测量误差引起的多
重共线性。当重新抽取样本时，克服了测量误差，自然也消除了多重共线性。另外，增
加样本容量也可以减弱多重共线性的程度。

（4）合并截面数据与时间序列数据。这种方法属于约束最小二乘法（RLS）。其
基本思想是，先由截面数据求出一个或多个回归系数的估计值，再把它们代入原模型
中，通过用因变量与上述估计值所对应的解释变量相减从而得到新的因变量，然后建

立新因变量对那些保留解释变量的回归模型,并利用时间序列样本估计回归系数。下面通过一个例子具体介绍合并数据法。

设有某种商品的销售量 Y_t 模型如下,

$$LnY_t=\beta_0+\beta_1Ln\ P_t+\beta_2Ln\ I_t+u_t \tag{10-8}$$

其中,Y_t 表示销售量,P_t 表示平均价格,I_t 表示消费者收入,下标 t 表示时间。

在时间序列数据中,价格 P_t 与收入 I_t 一般高度相关,所以当用普通最小二乘法估计模型(10-8)的回归系数时,会遇到多重共线性问题。

首先利用截面数据估计收入弹性系数 β_2。因为在截面数据中,平均价格是一个常量,所以不存在对 β_1 的估计问题。

把用截面数据得到的收入弹性系数估计值 $\hat{\beta}_2$ 代入原模型(10-8)。得

$$LnY_t=\beta_0+\beta_1Ln\ P_t+\hat{\beta}_2Ln\ I_t+u_t$$

移项整理

$$LnY_t-\hat{\beta}_2Ln\ I_t=\beta_0+\beta_1LnP_t+u_t$$

变换后的因变量($LnY_t-\hat{\beta}_2Ln\ I_t$)用 Z_t 表示,则

$$Z_t=\beta_0+\beta_1LnP_t+u_t \tag{10-9}$$

这时已排除收入变量的影响。模型已变换为一元线性回归模型。利用时间序列数据对模型(10-9)作普通最小二乘(OLS)估计,求出 $\hat{\beta}_0$,$\hat{\beta}_1$。这样便求到相对于模型(10-8)的估计式,

$$\hat{LnY_t}=\hat{\beta}_0+\hat{\beta}_1Ln\ P_t+\hat{\beta}_2Ln\ I_t$$

其中,$\hat{\beta}_2$ 是用截面数据估计的,$\hat{\beta}_0$,$\hat{\beta}_1$ 是由时间序列数据估计的。

由于把估计过程分作两步,从而避免了多重共线性问题。显然这种估计方法默认了一种假设,即相对于时间序列数据各个时期截面数据所对应的收入弹性系数估计值都与第一步求到的 $\hat{\beta}_2$ 相同。当这种假设不成立时,这种估计方法会带来估计误差。

(5)逐步回归法。逐步回归法的基本思想是将变量逐个引入模型,每引入一个解释变量后都要进行 F 检验,并对已经选入的解释变量逐个进行 t 检验,当原本引入的解释变量由于后面解释变量的引入变得不再显著时,则将其删除,以确保每次引入新的变量之间回归方程中只包含显著变量。这是一个反复的过程,直到没有显著的解释变量选入回归方程,以保证最后所得到的解释变量集是最优的。

四、实验过程

【理论依据】根据理论和经验分析,粮食产量(Y/万吨)的影响因素主要有:粮食作物播种面积($X1$/千公顷)、农业机械总动力($X2$/万千瓦)、耕地灌溉面积($X3$/千公顷)、化肥施用量($X4$/万吨)、农村用电量($X5$/亿千瓦时)、农业劳动力($X6$/万人)。

【模型与数据】为考察2000—2017年我国粮食产量的主要影响因素,建立多元线性回归模型:$Y=\beta_0+\beta_1X_1+\beta_2X_2+\beta_3X_3+\beta_4X_4+\beta_5X_5+\beta_6X_6$。其中,参数 $\beta_1,\beta_2,\cdots\beta_6$ 反

映了各因素对粮食产量的边际影响。相关数据来源于《中国统计年鉴》,如表 10-1 所示。

表 10-1　2000—2017 年我国粮食产量及主要影响因素指标

年份	Y	X1	X2	X3	X4	X5	X6
1990	44 624	113 466	28 708	47 403	2 590	845	38 914
1991	43 529	112 314	29 389	47 822	2 805	963	39 098
1992	44 266	110 560	30 308	48 590	2 930	1 107	38 699
1993	45 649	110 509	31 817	48 728	3 152	1 245	37 680
1994	44 510	109 544	33 803	48 759	3 318	1 474	36 628
1995	46 662	110 060	36 118	49 281	3 594	1 656	35 530
1996	50 454	112 548	38 547	50 381	3 828	1 813	34 820
1997	49 417	112 912	42 016	51 239	3 981	1 980	34 840
1998	51 230	113 787	45 208	52 296	4 084	2 042	35 177
1999	50 839	113 161	48 996	53 158	4 124	2 173	35 768
2000	46 218	108 463	52 574	53 820	4 146	2 421	36 043
2001	45 264	106 080	55 172	54 249	4 254	2 611	36 399
2002	45 706	103 891	57 930	54 355	4 339	2 993	36 640
2003	43 070	99 410	60 387	54 014	4 412	3 433	36 204
2004	46 947	101 606	64 028	54 478	4 637	3 933	34 830
2005	48 402	104 278	68 398	55 029	4 766	4 376	33 442
2006	49 804	104 958	72 522	55 751	4 928	4 896	31 941
2007	50 414	105 999	76 590	56 518	5 108	5 510	30 731
2008	53 434	107 545	82 190	58 472	5 239	5 713	29 923
2009	53 941	110 255	87 496	59 261	5 404	6 104	28 890
2010	55 911	111 695	92 781	60 348	5 562	6 632	27 931
2011	58 849	112 980	97 735	61 682	5 704	7 140	26 594
2012	61 223	114 368	102 559	62 491	5 839	7 509	25 773
2013	63 048	115 908	103 907	63 473	5 912	8 550	24 171
2014	63 965	117 455	108 057	64 540	5 996	8 884	22 790
2015	66 060	118 963	111 728	65 873	6 023	9 027	21 919
2016	66 044	119 230	97 246	67 141	5 984	9 238	21 496
2017	66 161	117 989	98 783	67 816	5 859	9 524	20 944

实验过程分为三个部分:多元线性回归模型、相关系数法与方差膨胀因子、逐步回归法。

1.多元线性回归模型

创建 EViews 工作文件,导入相关数据,创建 Y、X1、X2、X3、X4、X5、X6 序列组,如图 10-1 所示。

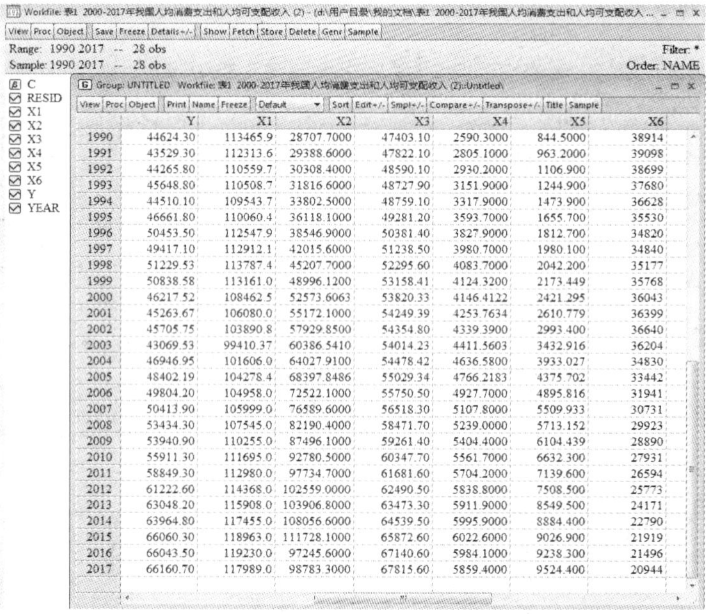

Range: 1990 2017 -- 28 obs
Sample: 1990 2017 -- 28 obs

	Y	X1	X2	X3	X4	X5	X6
1990	44624.30	113465.9	28707.7000	47403.10	2590.3000	844.5000	38914
1991	43529.30	112313.6	29388.6000	47822.10	2805.1000	963.2000	39098
1992	44265.80	110559.7	30308.4000	48590.10	2930.2000	1106.900	38699
1993	45648.80	110508.7	31816.6000	48727.90	3151.9000	1244.900	37680
1994	44510.10	109543.7	33802.5000	48759.10	3317.9000	1473.900	36628
1995	46661.80	110060.4	36118.1000	49281.20	3593.7000	1655.700	35530
1996	50453.50	112547.9	38546.9000	50381.40	3827.9000	1812.700	34820
1997	49417.10	112912.1	42015.6000	51238.50	3980.7000	1980.100	34840
1998	51229.53	113787.4	45207.7000	52295.60	4083.7000	2042.200	35177
1999	50838.58	113161.0	48996.1200	53158.41	4124.3200	2173.449	35768
2000	46217.52	108462.5	52573.6063	53820.33	4146.4122	2421.295	36043
2001	45263.67	106080.0	55172.1000	54249.39	4253.7634	2610.779	36399
2002	45705.75	103890.8	57929.8500	54354.80	4339.3900	2993.400	36640
2003	43069.53	99410.37	60386.5410	54014.23	4411.5603	3432.916	36204
2004	46946.95	101606.0	64027.9100	54478.42	4636.5800	3933.027	34830
2005	48402.19	104278.4	68397.8486	55029.34	4766.2183	4375.702	33442
2006	49804.20	104958.0	72522.1000	55750.50	4927.7000	4895.816	31941
2007	50413.90	105999.0	76589.6000	56518.30	5107.8000	5509.933	30731
2008	53434.30	107545.0	82190.4000	58471.70	5239.0000	5713.152	29923
2009	53940.90	110255.0	87496.1000	59261.40	5404.4000	6104.439	28890
2010	55911.30	111695.0	92780.5000	60347.70	5561.7000	6632.300	27931
2011	58849.30	112980.0	97734.7000	61681.60	5704.2000	7139.600	26594
2012	61222.60	114368.0	102559.0000	62490.50	5838.8000	7508.500	25773
2013	63048.20	115908.0	103906.8000	63473.30	5911.9000	8549.500	24171
2014	63964.80	117455.0	108056.6000	64539.50	5995.9000	8884.400	22790
2015	66060.30	118963.0	111728.1000	65872.60	6022.6000	9026.900	21919
2016	66043.50	119230.0	97245.6000	67140.60	5984.1000	9238.300	21496
2017	66160.70	117989.0	98783.3000	67815.60	5859.4000	9524.400	20944

图 10-1　数据输入与显示

依据多元线性回归模型，进行回归分析。在图 10-1 中，点击序列组菜单栏“Proc/Make Equation”，在方程命令输入框中输入“Y C X1 X2 X3 X4 X5 X6”。在“Method”的选项框中选择“LS”，单击“确定”，生成多元回归模型的参数估计结果，如图 10-2 所示。

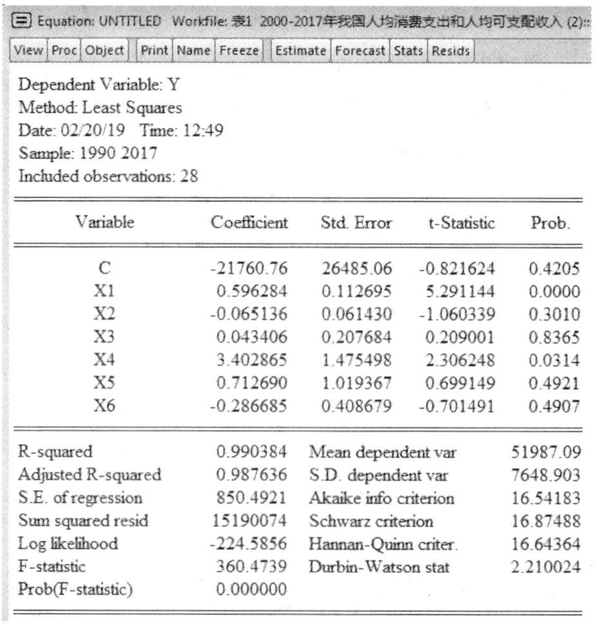

Dependent Variable: Y
Method: Least Squares
Date: 02/20/19 Time: 12:49
Sample: 1990 2017
Included observations: 28

Variable	Coefficient	Std. Error	t-Statistic	Prob.
C	-21760.76	26485.06	-0.821624	0.4205
X1	0.596284	0.112695	5.291144	0.0000
X2	-0.065136	0.061430	-1.060339	0.3010
X3	0.043406	0.207684	0.209001	0.8365
X4	3.402865	1.475498	2.306248	0.0314
X5	0.712690	1.019367	0.699149	0.4921
X6	-0.286685	0.408679	-0.701491	0.4907

R-squared	0.990384	Mean dependent var	51987.09
Adjusted R-squared	0.987636	S.D. dependent var	7648.903
S.E. of regression	850.4921	Akaike info criterion	16.54183
Sum squared resid	15190074	Schwarz criterion	16.87488
Log likelihood	-224.5856	Hannan-Quinn criter.	16.64364
F-statistic	360.4739	Durbin-Watson stat	2.210024
Prob(F-statistic)	0.000000		

图 10-2　回归分析输出结果

从图 10-2 中可以看到,可决系数 R^2 和调整后的可决系数 R_a^2 分别为 0.990、0.987,表明解释变量对被解释变量的拟合效果较好。模型 F 值为 360.47,F 检验通过,表明回归模型是显著的。但是,从参数显著性检验来看,$X2$、$X3$、$X5$、$X6$ 的 P 值分别为 0.30、0.83、0.49、0.49,大于 10% 的显著性水平,参数检验不显著。当模型整体拟合效果较好,而参数出现较多不显著的情况,那么重点考虑变量间存在多重共线性现象。

2.相关系数法与方差膨胀因子

综合判断法是根据模型显著性和参数显著性的矛盾来对多重共线性进行判别的,除此方法外,相关系数法和方差膨胀因子也较多用于多重共线性的判断。

(1)相关系数法。在 Y、$X1$、$X2$、$X3$、$X4$、$X5$、$X6$ 序列组中,依次点击"View/Covariance Analysis",在弹出的对话框中勾选"Correlation",单击"OK"后,即可输出 Y、$X1$、$X2$、$X3$、$X4$、$X5$、$X6$ 的相关系数,如图 10-3 所示。

Group: UNTITLED　Workfile: 表1 2000-2017年我国人均消费支出和人均可支配收入 (2)::Untitled\

View　Proc　Object　Print　Name　Freeze　Sample　Sheet　Stats　Spec

Covariance Analysis: Ordinary
Date: 02/20/19　Time: 14:58
Sample: 1990 2017
Included observations: 28

Correlation	Y	X1	X2	X3	X4	X5	X6
Y	1.000000						
X1	0.725061	1.000000					
X2	0.877167	0.349635	1.000000				
X3	0.928156	0.459751	0.968936	1.000000			
X4	0.860616	0.296882	0.980724	0.960644	1.000000		
X5	0.924892	0.446489	0.978856	0.985343	0.957506	1.000000	
X6	-0.973342	-0.586550	-0.939837	-0.968596	-0.925748	-0.979630	1.000000

图 10-3　相关系数表

从相关系数表中可知,$X2$、$X3$、$X4$、$X5$、$X6$ 之间的相关系数绝对值均在 0.9 以上,这表明 $X2$、$X3$、$X4$、$X5$、$X6$ 可能存在较强的共线性。

(2)方差膨胀因子(Variance Inflation Factors,VIF)。在图 3-2 的结果输出界面上,依次点击"View/Coefficient Diagnostics/Variance Inflation Factors",即可生成各变量的方差膨胀因子,如图 10-4 所示。

从图 10-4 的结果中可以看到,$X1 \sim X6$ 的方差膨胀因子(中心化)均在 10 以上,表明变量间存在较强的多重共线性。

3.逐步回归法

修正模型多重共线性,通常运用逐步回归法。逐步回归法的思想是通过不断增加或剔除变量来达到最优的拟合效果。

回到 Y、$X1$、$X2$、$X3$、$X4$、$X5$、$X6$ 序列组界面,点击"Proc/Make Equation",在"Method"下拉菜单中选中"STEPLS-Stepwise Least Squares",如图 10-5 所示。

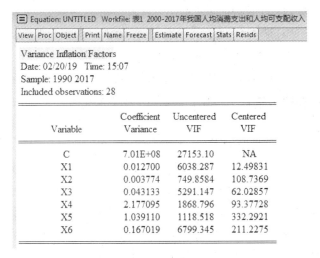

图 10-4　方差膨胀因子

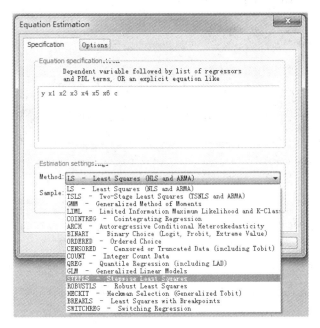

图 10-5　逐步回归法

选中"STEPLS-Stepwise Least Squares"后，在方程命令窗口的上半部分输入被解释变量"Y"，在下半部分输入解释变量"X1 X2 X3 X4 X5 X6"，如图 10-6 所示。再点击窗口上方的按钮"Option"，如图 10-7 所示。其中：

Forwards：表示逐步回归采用逐次递增变量方式。

Backwards：表示逐步回归采用逐次剔除变量的方式。

p-value：表示递增或剔除变量采用 P 值 标准，修改为 0.1（初始值为 0.5），表示参数显著性检验中的 P 值小于 0.1，进入模型，大于 0.1 则从模型中剔除。

t-stat：表示递增或剔除变量采用 t 统计量标准，数值可自定义，例如 2。

Use number of regressors：表示最多可允许多少变量进入逐步回归模型，本例中有 6 个变量，因此设定为 6。

"Weights"与"Maximum step"分别表示变量权重和逐步回归次数，根据实际需要再行修改，本例不需要修改。点击"确定"后，即可输出逐步回归结果。如图 10-8 所示。

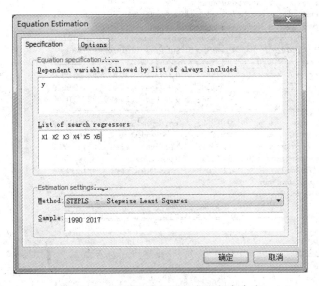

图 10-6　将变量输入到逐步回归命令中

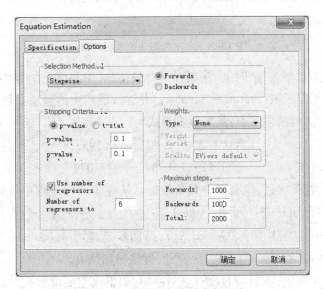

图 10-7　逐步回归法的参数设定

图 10-8 逐步回归法的输出结果

图 10-8 上方区域是逐步回归法的模型背景信息,中间区域的表格内是逐步回归法的最终结果,下方区域(Selection Summary)是逐步回归法的递增或剔除变量过程。

从逐步回归法的结果来看,最终模型形式为:

$$Y = 0.54X_1 + 2.42X_4 - 0.59X_6$$
$$(29.81)\quad(10.64)\quad(-17.07)$$

参数显著性检验通过,模型拟合效果较好。从逐步回归过程中可以看到,逐步回归第一步是将 X_3 与 Y 进行回归(Added X_3),第二步是根据 P 值在模型中递增 X_6 (Added X_6),第三步是递增 X_1(Added X_1),第四步是递增 X_4(Added X_4),当递增 X_4 后,X_3 不显著,被剔除(Removed X_3)。至此,逐步回归结束。

注意到图 10-8 中,常数项并没有参与回归,如果模型要求常数项为必需变量,那么在图 10-6 的变量输入上,需要将常数项作为不可剔除变量加入"Y"的后面,命令变为"Y C",参数设定与图 10-7 相同。点击确定后,即可输出带有常数项的逐步回归结果,如图 10-9 所示。

```
Equation: UNTITLED  Workfile: 表1 2000-2017年我国人均消费支出和人均可支配收入 (2)::Unti
View Proc Object | Print Name Freeze | Estimate Forecast Stats Resids
Dependent Variable: Y
Method: Stepwise Regression
Date: 02/20/19   Time: 16:34
Sample: 1990 2017
Included observations: 28
Number of always included regressors: 1
Number of search regressors: 6
Selection method: Stepwise forwards
Stopping criterion: p-value forwards/backwards = 0.1/0.1
Stopping criterion: Number of search regressors = 6
```

Variable	Coefficient	Std. Error	t-Statistic	Prob.*
C	-696.5770	14107.84	-0.049375	0.9610
X6	-0.581141	0.143418	-4.052079	0.0005
X1	0.541894	0.064382	8.416865	0.0000
X4	2.449013	0.660524	3.707682	0.0011

R-squared	0.989584	Mean dependent var		51987.09
Adjusted R-squared	0.988282	S.D. dependent var		7648.903
S.E. of regression	827.9886	Akaike info criterion		16.40744
Sum squared resid	16453563	Schwarz criterion		16.59775
Log likelihood	-225.7042	Hannan-Quinn criter.		16.46562
F-statistic	760.0547	Durbin-Watson stat		1.973248
Prob(F-statistic)	0.000000			

```
                    Selection Summary

Added X6
Added X1
Added X4
```

*Note: p-values and subsequent tests do not account for stepwise selection.

图 10-9　带常数项的逐步回归结果

五、思考题

1.表 10-2 给出了中国商品进口额 Y、国内生产总值 GDP、消费者价格指数 CPI。

表 10-2　中国商品进口额、国内生产总值、消费者价格指数表

年份	商品进口额/亿元	国内生产总值/亿元	居民消费价格指数（1985＝100）
1985	1 257.8	8 964.4	100
1986	1 498.3	10 202.2	106.5
1987	1 614.2	11 962.5	114.3
1988	2 055.1	14 928.3	135.8
1989	2 199.9	16 909.2	160.2
1990	2 574.3	18 547.9	165.2
1991	3 398.7	21 617.8	170.8
1992	4 443.3	26 638.1	181.7
1993	5 986.2	34 634.4	208.4
1994	9 960.1	46 759.4	258.6

表10-2(续)

年份	商品进口额 /亿元	国内生产总值 /亿元	居民消费价格指数 (1985＝100)
1995	11 048.1	58 478.1	302.8
1996	11 557.4	67 884.6	327.9
1997	11 806.5	74 462.6	337.1
1998	11 626.1	78 345.2	334.4
1999	13 736.4	82 067.5	329.7
2000	18 638.8	89 468.1	331.0
2001	20 159.2	97 314.8	333.3
2002	24 430.3	105 172.3	330.6
2003	34 195.6	117 251.9	334.6

资料来源:中国统计出版社 2000 年、2004 年版《中国统计年鉴》。

请考虑下列模型:

$$\ln Y_t = \beta_1 + \beta_2 \ln GDP_t + \beta_3 \ln CPI_t + u_i$$

(1)利用表中数据估计此模型的参数。

(2)你认为数据中有多重共线性吗?

(3)进行以下回归:

$$\ln Y_t = A_1 + A_2 \ln GDP_t + v_{1i}$$

$$\ln Y_t = B_1 + B_2 \ln CPI_t + v_{2i}$$

$$\ln GDP_t = C_1 + C_2 \ln CPI_t + v_{3i}$$

根据这些回归请你对数据中多重共线性的性质进行说明。

(4)假设数据有多重共线性,但 $\hat{\beta}_2$ 和 $\hat{\beta}_3$ 在 5% 水平上个别地显著,并且总的 F 检验也是显著的。对这样的情形,我们是否应考虑共线性的问题?

2.自己找一个经济问题来建立多元线性回归模型,怎样选择变量和构造解释变量数据矩阵 X 才可能避免多重共线性的出现?

3.理论上认为影响能源消费需求总量的因素主要有经济发展水平、收入水平、产业发展、人民生活水平、能源转换技术等因素。表 10-3 收集了中国能源消费总量 Y(万吨标准煤)、国内生产总值 X_1(亿元)(代表经济发展水平)、国民总收入 X_2(亿元)(代表收入水平)、工业增加值 X_3(亿元)、建筑业增加值 X_4(亿元)、交通运输邮电业增加值 X_5(亿元)(代表产业发展水平及产业结构)、人均生活电力消费 X_6(千瓦小时)(代表人民生活水平提高)、能源加工转换效率 X_7(%)(代表能源转换技术)等在 1985—2002 年期间的统计数据,具体如下:

表 10-3　中国能源需求

年份	能源消费 Y	国民总收入 X_1	GDP X_2	工业 X_3	建筑业 X_4	交通运输邮电 X_5	人均生活电力消费 X_6	能源加工转换效率 X_7
1985	76 682	8 989.1	8 964.4	3 448.7	417.9	406.9	21.3	68.29
1986	80 850	10 201.4	10 202.2	3 967.0	525.7	475.6	23.2	68.32
1987	86 632	11 954.5	11 962.5	4 585.8	665.8	544.9	26.4	67.48
1988	92 997	14 922.3	14 928.3	5 777.2	810.0	661.0	31.2	66.54
1989	96 934	16 917.8	16 909.2	6 484.0	794.0	786.0	35.3	66.51
1990	98 703	18 598.4	18 547.9	6 858.0	859.4	1 147.5	42.4	67.2
1991	103 783	21 662.5	21 617.8	8 087.1	1 015.1	1 409.7	46.9	65.9
1992	109 170	26 651.9	26 638.1	10 284.5	1 415.0	1 681.8	54.6	66
1993	115 993	34 560.5	34 634.4	14 143.8	2 284.7	2 123.7	61.2	67.32
1994	122 737	46 670.0	46 759.4	19 359.6	3 012.6	2 685.9	72.7	65.2
1995	131 176	57 494.9	58 478.1	24 718.3	3 819.6	3 054.7	83.5	71.05
1996	138 948	66 850.5	67 884.6	29 082.6	4 530.5	3 494.0	93.1	71.5
1997	137 798	73 142.7	74 462.6	32 412.1	4 810.6	3 797.2	101.8	69.23
1998	132 214	76 967.2	78 345.2	33 387.9	5 231.4	4 121.3	106.6	69.44
1999	130 119	80 579.4	82 067.5	35 087.2	5 470.6	4 460.3	118.1	70.45
2000	130 297	88 254.0	89 468.1	39 047.3	5 888.0	5 408.4	132.4	70.96
2001	134 914	95 727.9	97 314.8	42 374.6	6 375.4	5 968.3	144.6	70.41
2002	148 222	103 935.3	105 172.3	45 975.2	7 005.0	6 420.3	156.3	69.78

资料来源:中国统计出版社 2000 年、2004 年版《中国统计年鉴》。

要求:

(1)建立对数线性多元回归模型

(2)如果决定用表中全部变量作为解释变量,你预料会遇到多重共线性的问题吗? 为什么?

(3)如果有多重共线性,你准备怎样解决这个问题? 明确你的假设并说明全部计算。

4.表 10-4 中是某地区的财政收入与相关影响因素的数据。

表 10-4　1991—2016 年某地区财政收入及其影响因素表

年份	财政收入 CS/亿元	农业增加值 NZ/亿元	工业增加值 GZ/亿元	建筑业增加值 JZZ/元	总人口 TPOP/万人	最终消费 CUM/亿元	受灾面积 SZM/万公顷
1991	1 132.3	1 018.4	1 607.0	138.2	96 259	2 239.1	50 760
1992	1 146.4	1 258.9	1 769.7	143.8	97 542	2 619.4	39 370
1993	1 159.9	1 359.4	1 996.5	195.5	98 705	2 976.1	44 530

表10-4（续）

年份	财政收入 CS/亿元	农业增加值 NZ/亿元	工业增加值 GZ/亿元	建筑业增加值 JZZ/元	总人口 TPOP/万人	最终消费 CUM/亿元	受灾面积 SZM/万公顷
1994	1 175.8	1 545.6	2 048.4	207.1	100 072	3 309.1	39 790
1995	1 212.3	1 761.6	2 162.3	220.7	101 654	3 637.9	33 130
1996	1 367.0	1 960.8	2 375.6	270.6	103 008	4 020.5	34 710
1997	1 642.9	2 295.5	2 789.0	316.7	104 357	4 694.5	31 890
1998	2 004.8	2 541.6	3 448.7	417.9	105 851	5 773.0	44 370
1999	2 122.0	2 763.9	3 967.0	525.7	107 507	6 542.0	47 140
2000	2 199.4	3 204.3	4 585.8	665.8	109 300	7 451.2	42 090
2001	2 357.2	3 831.0	5 777.2	810.0	111 026	9 360.1	50 870
2002	2 664.90	4 228.0	6 484.0	794.0	112 704	10 556.5	46 991
2003	2 937.10	5 017.0	6 858.0	859.4	114 333	11 365.2	38 474
2004	3 149.48	5 288.6	8 087.1	1 015.1	115 823	13 145.9	55 472
2005	3 483.37	5 800.0	10 284.5	1 415.0	117 171	15 952.1	51 333
2006	4 348.95	6 882.1	14 143.8	2 284.7	118 517	20 182.1	48 829
2007	5 218.10	9 457.2	19 359.6	3 012.6	119 850	26 796.0	55 043
2008	6 242.20	11 993.0	24 718.3	3 819.6	121 121	33 635.0	45 821
2009	7 407.99	13 844.2	29 082.6	4 530.5	122 389	40 003.9	46 989
2010	8 651.14	14 211.2	32 412.1	4 810.6	123 626	43 579.4	53 429
2011	9 875.95	14 552.2	33 387.9	5 231.4	124 761	46 405.9	50 145
2012	11 444.08	14 472.0	35 087.2	5 470.6	125 786	49 722.7	49 981
2013	13 395.23	14 628.2	39 047.3	5 888.0	126 743	54 600.9	54 688
2014	16 386.04	15 411.8	42 374.6	6 375.4	127 627	58 927.4	52 215
2015	18 903.64	16 117.3	45 975.2	7 005.0	128 453	62 798.5	47 119
2016	21 715.25	17 092.1	53 092.9	8 181.3	129 227	67 442.5	54 506

要求：

（1）建立线性多元回归模型。

（2）如果决定用表中全部变量作为解释变量，你预料会遇到多重共线性的问题吗？为什么？

（3）如果有多重共线性，你准备怎样解决这个问题？

5.表10-5是某地区2004—2013年旅游市场相关数据。

表 10-5　某地区 2004—2013 年旅游市场相关数据表

年份	国内旅游收入 Y /亿元	国内旅游人数 X1 /万人次	城镇居民人均旅游支出 X2/元	农村居民人均旅游支出 X3 /元	公路里程 X4/万公里	铁路里程 X5/万公里
2004	1 023. 5	52 400	414. 7	54. 9	111. 78	5. 90
2005	1 375. 7	62 900	464. 0	61. 5	115. 70	5. 97
2006	1 638. 4	63 900	534. 1	70. 5	118. 58	6. 49
2007	2 112. 7	64 400	599. 8	145. 7	122. 64	6. 60
2008	2 391. 2	69 450	607. 0	197. 0	127. 85	6. 64
2009	2 831. 9	71 900	614. 8	249. 5	135. 17	6. 74
2010	3 175. 5	74 400	678. 6	226. 6	140. 27	6. 87
2011	3 522. 4	78 400	708. 3	212. 7	169. 80	7. 01
2012	3 878. 4	87 800	739. 7	209. 1	176. 52	7. 19
2013	3 442. 3	87 000	684. 9	200. 0	180. 98	7. 30

要求：

(1)建立线性多元回归模型。

(2)如果决定用表中全部变量作为解释变量,你预料会遇到多重共线性的问题吗? 为什么?

(3)如果有多重共线性,你准备怎样解决这个问题?

第十一章 自相关的检验与修正

一、实验目的与要求

实验目的：

掌握序列相关模型的检验方法、处理方法。

实验要求：

熟悉图形法检验、掌握 DW 检验、掌握迭代法处理序列相关。

二、实验原理

图形法检验、DW 检验、迭代法。

三、理论教学内容

1.序列相关的概念

对于不同的样本点，随机误差项之间不再是完全互相独立，而是存在某种相关性，则认为出现了序列相关性。

2.实际经济问题中的序列相关性（略）

3.自相关的来源

误差项存在自相关，主要有如下几个原因：

（1）模型的数学形式不妥。若所用的数学模型与变量间的真实关系不一致，误差项常表现出自相关。比如平均成本与产量呈抛物线关系，当用线性回归模型拟合时，误差项必存在自相关。

（2）惯性。大多数经济时间序列都存在自相关。其本期值往往受滞后值影响。突出特征就是惯性与低灵敏度。如国民生产总值、固定资产投资、国民消费、物价指数等随时间缓慢地变化，从而建立模型时导致误差项自相关。

（3）回归模型中略去了带有自相关的重要解释变量。若丢掉了应该列入模型的带有自相关的重要解释变量，那么它的影响必然归并到误差项 u_t 中，从而使误差项呈现自相关。当然略去多个带有自相关的解释变量，也许因互相抵消并不使误差项呈现自相关。

经验准则：对于采用时间序列数据作样本的计量经济学问题，由于在不同的样本点上解释变量以外的其他因素在时间上的连续性，带来它们对被解释变量的影响的连续性，所以往往存在序列相关性。

4.序列相关性的后果

（1）参数计量非有效；

（2）变量的显著性失去意义；

（3）模型的预测失效。

5.序列相关性的检验

共同思路：首先采用普通最小二乘法估计模型，以求得随机误差项的"近似估计量"，然后通过分析这些"近似估计量"之间的相关性以达到判断随机误差项是否具有序列相关性的目的。

（1）图示检验法。由于残差可以作为随机误差项的估计，如果随机误差项存在序列相关，必然会由残差项反映出来，故可利用残差项的变化来判断随机项的序列相关性。

（2）解析检验法。

①DW（Durbin-Watson）检验法

DW 检验是 J. Durbin, G. S. Watson 于 1950,1951 年提出的。它是利用残差 $\hat{u}_t$ 构成的统计量推断误差项 u_t 是否存在自相关。使用 DW 检验应首先满足如下三个条件：

第一，误差项 u_t 的自相关为一阶自回归形式。

第二，因变量的滞后值 y_{t-1} 不能在回归模型中作解释变量。

第三，样本容量应充分大（$T > 15$）。

DW 检验步骤如下：

给出假设

$H_0: \rho = 0$ 　（u_t 不存在自相关）

$H_1: \rho \neq 0$ 　（u_t 存在一阶自相关）

用残差值 $\hat{u}_t$ 计算统计量 DW。

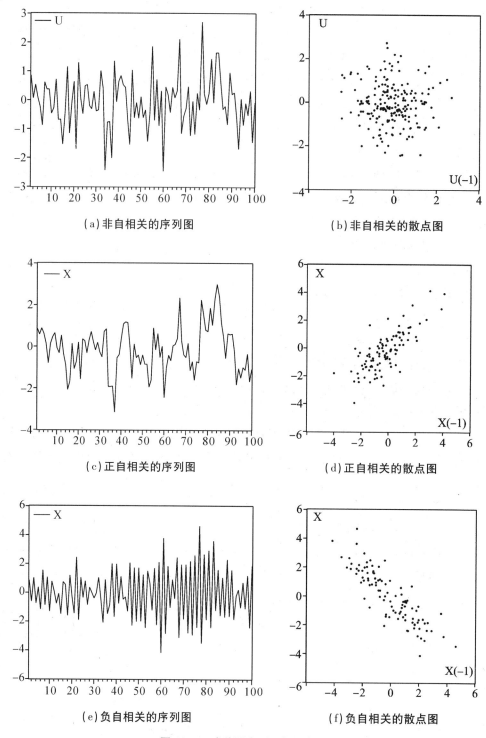

（a）非自相关的序列图

（b）非自相关的散点图

（c）正自相关的序列图

（d）正自相关的散点图

（e）负自相关的序列图

（f）负自相关的散点图

图 11-1　残差图序列图与散点图

$$DW = \frac{\sum\limits_{t=1}^{T}(\hat{u}_t - \hat{u}_{t-1})^2}{\sum\limits_{t=1}^{T}\hat{u}_t^{\ 2}} \tag{11-1}$$

其中分子是残差的一阶差分平方和,分母是残差平方和。把上式展开,

$$DW = \frac{\sum\limits_{t=1}^{T}\hat{u}_2^{\ 2} + \sum\limits_{t=1}^{T}\hat{u}_{t-1}^{\ 2} - 2\sum\limits_{t=1}^{T}\hat{u}_t\hat{u}_{t-1}}{\sum\limits_{t=1}^{T}\hat{u}_t^{\ 2}} \tag{11-2}$$

因为当样本充分大时,有

$$\sum\limits_{t=2}^{T}\hat{u}_t^{\ 2} \approx \sum\limits_{t=2}^{T}\hat{u}_{t-1}^{\ 2} \approx \sum\limits_{t=1}^{T}\hat{u}_t^{\ 2} \tag{11-3}$$

把公式(11-2)中的有关项用上式中 $\sum\limits_{t=2}^{T}\hat{u}_{t-1}^{\ 2} \approx \sum\limits_{t=1}^{T}\hat{u}_t^{\ 2}$ 代换,

$$DW \approx \frac{2\sum\limits_{t=1}^{T}\hat{u}_{t-1}^{\ 2} - 2\sum\limits_{t=1}^{T}\hat{u}_t\hat{u}_{t-1}}{\sum\limits_{t=1}^{T}\hat{u}_{t-1}^{\ 2}} = 2 \times (1 - \frac{\sum\limits_{t=1}^{T}\hat{u}_t\hat{u}_{t-1}}{\sum\limits_{t=1}^{T}\hat{u}_{t-1}^{\ 2}}) = 2 \times (1 - \hat{\rho}) \tag{11-4}$$

因为 ρ 的取值范围是 $[-1, 1]$,所以 DW 统计量的取值范围是 $[0, 4]$。ρ 与 DW 值的对应关系见表 11-1。

表 11-1　ρ 与 DW 值的对应关系及意义

ρ	DW	u_t 的表现
$\rho = 0$	$DW = 2$	u_t 非自相关
$\rho = 1$	$DW = 0$	u_t 完全正自相关
$\rho = -1$	$DW = 4$	u_t 完全负自相关
$0 < \rho < 1$	$0 < DW < 2$	u_t 有某种程度的正自相关
$-1 < \rho < 0$	$2 < DW < 4$	u_t 有某种程度的负自相关

实际中 $DW=0, 2, 4$ 的情形是很少见的。当 DW 取值在 $(0, 2)$,$(2, 4)$ 之间时,怎样判别误差项 u_t 是否存在自相关呢? 推导统计量 DW 的精确抽样分布是困难的,因为 DW 是依据残差 $\hat{u}_t$ 计算的,而 $\hat{u}_t$ 的值又与 x_t 的形式有关。DW 检验与其他统计检验不同,它没有唯一的临界值用来制定判别规则。然而 Durbin-Watson 根据样本容量和被估参数个数,在给定的显著性水平下,给出了检验用的上、下两个临界值 d_U 和 d_L。判别规则如下:

(1) 若 DW 取值在 $(0, d_L)$ 之间,拒绝原假设 H_0,认为 u_t 存在一阶正自相关。

(2) 若 DW 取值在 $(4-d_L, 4)$ 之间,拒绝原假设 H_0,认为 u_t 存在一阶负自相关。

(3) 若 DW 取值在 $(d_U, 4-d_U)$ 之间,接受原假设 H_0,认为 u_t 非自相关。

(4) 若 DW 取值在 (d_L, d_U) 或 $(4-d_U, 4-d_L)$ 之间,这种检验没有结论,即不能判别 u_t 是否存在一阶自相关。判别规则可用图 11-2 表示。

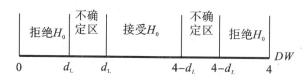

图 11-2 DW 统计量怕判断区域图

当 DW 值落在"不确定"区域时,有两种处理方法:

①加大样本容量或重新选取样本,重做 DW 检验。有时 DW 值会离开不确定区。

②选用其他检验方法。

DW 检验临界值与三个参数有关:检验水平 α,样本容量 T,原回归模型中解释变量个数 k(不包括常数项)。

注意:

①因为 DW 统计量是以解释变量非随机为条件得出的,所以当有滞后的内生变量作解释变量时,DW 检验无效。这时的表现是 DW 值常常接近 2。当估计式为 $y_t = \beta_0 + \beta_1 y_{t-1} + \beta_2 x_t + u_t$ 时,Durbin 认为应该用下面的 h 统计量检验一阶自相关:

$$h = \hat{\rho} \sqrt{\frac{T}{1 - T(Var(\hat{\beta}_1))}} = (1 - \frac{DW}{2}) \sqrt{\frac{T}{1 - T(Var(\hat{\beta}_1))}}$$

Durbin 已证明 h 统计量近似服从均值为零、方差为 1 的标准正态分布。可以用标准正态分布临界值对 h 的显著性做出检验。注意:当 $T(Var(\hat{\beta}_1)) > 1$ 时检验无效。

②不适用于联立方程模型中各方程的序列自相关检验。

③DW 统计量不适用于对高阶自相关的检验。

(3)LM 检验(亦称 BG 检验)法。DW 统计量只适用于一阶自相关检验,而对于高阶自相关检验并不适用。利用 BG 统计量可建立一个适用性更强的自相关检验方法,既可检验一阶自相关,也可检验高阶自相关。BG 检验由 Breusch-Godfrey 提出。BG 检验是通过一个辅助回归式完成的,具体步骤如下:

对于多元回归模型

$$y_t = \beta_0 + \beta_1 x_{1t} + \beta_2 x_{2t} + \cdots + \beta_{k-1} x_{k-1t} + u_t \tag{11-5}$$

考虑误差项为 n 阶自回归形式

$$u_t = \rho_1 u_{t-1} + \cdots + \rho_n u_{t-n} + v_t \tag{11-6}$$

其中 v_t 为随机项,符合各种假定条件。零假设为:

$$H_0: \rho_1 = \rho_2 = \cdots = \rho_n = 0$$

这表明 u_t 不存在 n 阶自相关。用估计公式(11-5)得到的残差建立辅助回归式,

$$\hat{u}_t = \hat{\rho}_1 \hat{u}_{t-1} + \cdots + \hat{\rho}_n \hat{u}_{t-n} + \beta_0 + \beta_1 x_{1t} + \beta_2 x_{2t} + \cdots + \beta_{k-1} x_{k-1t} + v_t \tag{11-7}$$

上式中的 $\hat{u}_t$ 是公式（11-5）中 u_t 的估计值。估计上式，并计算可决系数 R^2。构造 LM 统计量，

$$LM = TR^2 \tag{11-8}$$

其中，T 表示公式（11-5）的样本容量。R^2 为公式（11-7）的可决系数。在零假设成立条件下，LM 统计量渐近服从 $\chi^2_{(n)}$ 分布。其中 n 为公式（11-6）中自回归阶数。如果零假设成立，LM 统计量的值将很小，小于临界值。

判别规则是，若 $LM = T R^2 \leqslant \chi^2_{(n)}$，接受 H_0；

若 $LM = T R^2 > \chi^2_{(n)}$，拒绝 H_0。

（4）回归检验法。回归检验法的优点是适合于任何形式的自相关检验；若结论是存在自相关，则同时能提供出自相关的具体形式与参数的估计值。缺点是计算量大。回归检验法的步骤如下：

① 用给定样本估计模型并计算残差 $\hat{u}_t$。

② 对残差序列 $\hat{u}_t(t = 1, 2, \cdots, T)$，用普通最小二乘法进行不同形式的回归拟合。如

$$\hat{u}_t = \rho \, \hat{u}_{t-1} + v_t$$
$$\hat{u}_t = \rho_1 \, \hat{u}_{t-1} + \rho_2 \, \hat{u}_{t-2} + v_t$$
$$\hat{u}_t = \rho \hat{u}_{t-1}{}^2 + v_t$$
$$\hat{u}_t = \rho \sqrt{\hat{u}_{t-1}} + v_t$$
$$\cdots\cdots$$

③ 对上述各种拟合形式进行显著性检验，从而确定误差项 u_t 存在哪一种形式的自相关。

6.序列相关性的修正

（1）广义最小二乘法（GLS）。

（2）广义差分法。若一元线性回归模型的随机误差项存在形式的高阶自相关，可以将原模型变换为：

$$Y_i - \rho_1 Y_{i-1} - \cdots - \rho_l Y_{l-i} = \beta_0(1 - \rho_1 - \cdots - \rho_l) + \beta_1(X_i - \rho_1 X_{i-1} - \cdots - \rho_l X_{i-l}) + \varepsilon_i$$
$$i = 1 + l, 2 + l, \cdots, n$$

该模型不存在序列相关问题。采用普通最小二乘法估计该模型得到的参数估计量，即为原模型参数的无偏的、有效的估计量。

（3）随机误差项相关系数的估计（科-奥迭代）。

（4）广义差分法在计量经济学软件中的实现：

$$Y \ C \ X_1 \ X_2 \cdots X_k \, AR(1) \ AR(2) \ AR(l)$$

（5）序列相关稳健标准误法。

四、实验过程

【理论依据】根据理论和经验分析,企业的全要素生产率(Y)与人均资本($X1$)、股权结构($X2$)、产业规模($X3$)相关。

【模型与数据】为考察 2000—2015 年某企业全要素生产率的影响因素,建立多元线性回归模型:$Y = \beta_0 + \beta_1 X_1 + \beta_2 X_2 + \beta_3 X_3$。其中,参数 β_1、β_2、β_3 分别反映人均资本、股权结构、产业规模对企业全要素生产率的边际影响。数据由作者计算得来,已消除量纲,如表 11-2 所示。

表 11-2　2000—2015 年某企业全要素生产率及其影响因素

年份	Y	X_1	X_2	X_3
2000	1.00	51.01	66.98	3.87
2001	1.24	53.68	66.60	5.02
2002	1.65	54.53	64.71	6.49
2003	2.16	53.41	59.62	7.59
2004	2.23	52.30	58.51	6.19
2005	2.77	51.48	51.83	4.48
2006	3.41	50.77	50.17	5.29
2007	4.17	49.62	49.77	6.84
2008	4.41	46.74	44.82	6.94
2009	5.23	46.98	46.41	8.10
2010	6.07	44.94	46.51	9.65
2011	6.73	47.99	43.98	9.20
2012	6.86	48.30	41.78	7.54
2013	7.57	50.55	40.73	7.60
2014	7.87	49.67	40.81	8.00
2015	8.30	53.78	39.71	8.64

实验过程分为三个部分:多元线性回归模型、自相关检验、广义差分法。

1.多元线性回归模型

创建 EViews 工作文件,导入相关数据,创建 Y、X_1、X_2、X_3 序列组,点击"Proc/Make Equation",在"Method"下拉菜单中选中"LS",单击"确定"后,输出多元线性回归模型结果,如图 11-3 所示。

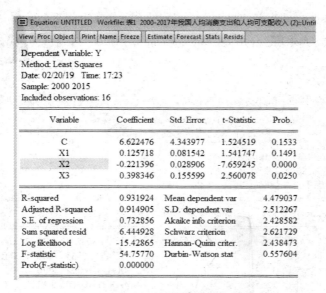

图 11-3　多元线性模型输出结果

2.自相关检验

自相关检验方法主要有四种：图示法、偏相关系数法、DW 检验法、LM 检验法。

（1）图示法。图示法是通过观察模型残差的自相关趋势来判断自相关性。第一步，构建当期残差与前期残差的散点图，点击 EViews 主菜单中"Quick/Graph"；第二步，在图形命令中输入"resid resid(-1)"；第三步，在图形类别"Graph type"中选择散点图"Scatter"，点击"OK"后，生成 resid-resid(-1) 散点图，如图 11-4 所示。

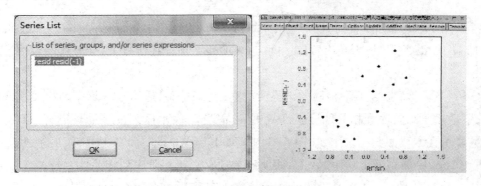

图 11-4　残差项自相关图

从图 11-4 中可以看出，残差项自相关图呈现上升趋势，这表明残差项存在正自相关性。

（2）偏相关系数法。对于时间序列 RESID，其滞后 p 阶偏相关系数是指在给定中间 $p-1$ 个随机变量 $RESID(t-1)$、$RESID(t-2)$……$RESID(t-p+1)$ 的条件下，$RESID(t-p)$ 与 $RESID(t)$ 的相关程度。在方程输出界面（图 11-4）中，依次点击"View/Residual Diagnostics/correlogram/Q/statistics",选择最大滞后阶数(lags to include)"12",即可输出残差项 RESID 的自相关(Autocorrelation)和偏相关系数(Partial Correlation)。如图 11-5 所示。

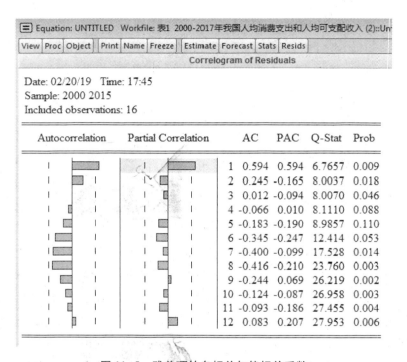

图 11-5　残差项的自相关与偏相关系数

　　从图 11-5 中可以看到,1 阶偏相关系数为 0.594,超出置信区间(右侧虚线),而2-12 阶偏相关系数均未超出置信区间,这表明残差项存在自相关,会导致参数估计非有效。

　　(3)DW 检验法。DW 检验的全称为杜宾-瓦森检验,适用于一阶序列相关性的检验,不适用于高阶序列相关性检验,DW 值越靠近 2,表示序列的平稳性越好。DW 统计量显示在方程回归结果中,如图 4-1 中"Durbin-Watson stat",从图中可得,残差项DW=0.56,更加靠近于 0 而远离 2,表明残差项存在正一阶序列相关性。

　　(4)LM 检验法。LM 检验的全称为拉格朗日乘数检验,统计量服从卡方分布,不仅适用于一阶序列相关性的检验,也适用于高阶序列相关性检验。在方程输出界面(图 11-4)中,依次点击"View/Residual Diagnostics/Serial Correlation LM Test",选择所要检验滞后阶数(lags to include),例如"1",表示检验残差项一阶序列相关性。结果如图 11-6 所示。

Equation: UNTITLED Workfile: 表1 2000-2017年我国人均消费支出和人均可支配收入 (2)::

View | Proc | Object | Print | Name | Freeze | Estimate | Forecast | Stats | Resids

Breusch-Godfrey Serial Correlation LM Test:

F-statistic	11.34055	Prob. F(1,11)	0.0063
Obs*R-squared	8.121950	Prob. Chi-Square(1)	0.0044

Test Equation:
Dependent Variable: RESID
Method: Least Squares
Date: 02/20/19 Time: 18:43
Sample: 2000 2015
Included observations: 16
Presample missing value lagged residuals set to zero.

Variable	Coefficient	Std. Error	t-Statistic	Prob.
C	6.855345	3.778881	1.814120	0.0970
X1	-0.122602	0.069978	-1.752001	0.1076
X2	0.002938	0.021203	0.138574	0.8923
X3	-0.117179	0.119229	-0.982808	0.3468
RESID(-1)	0.855136	0.253932	3.367574	0.0063

R-squared	0.507622	Mean dependent var	2.79E-15
Adjusted R-squared	0.328575	S.D. dependent var	0.655486
S.E. of regression	0.537109	Akaike info criterion	1.845074
Sum squared resid	3.173342	Schwarz criterion	2.086508
Log likelihood	-9.760588	Hannan-Quinn criter.	1.857437
F-statistic	2.835138	Durbin-Watson stat	2.035501
Prob(F-statistic)	0.077002		

图 11-6　一阶序列相关性——LM 检验

从图 11-6 中可知，LM 统计量为 8.12，*P* 值为 0.004 4，检验结果显著；参数检验中 RESID(-1)的 *t* 统计量为 3.37，P 值为 0.006 3，检验结果为显著。LM 检验表明，模型存在显著的一阶序列相关性。

进一步验证模型是否存在二阶序列相关性。依次点击“View/Residual Diagnostics/Serial Correlation LM Test”，选择所要检验滞后阶数(lags to include)，此处修改为“2”，结果如图 11-7 所示。

Equation: UNTITLED Workfile: 表1 2000-2017年我国人均消费支出和人均可支配收入 (2)::

View | Proc | Object | Print | Name | Freeze | Estimate | Forecast | Stats | Resids

Breusch-Godfrey Serial Correlation LM Test:

F-statistic	5.916939	Prob. F(2,10)	0.0202
Obs*R-squared	8.671938	Prob. Chi-Square(2)	0.0131

Test Equation:
Dependent Variable: RESID
Method: Least Squares
Date: 02/20/19 Time: 18:42
Sample: 2000 2015
Included observations: 16
Presample missing value lagged residuals set to zero.

Variable	Coefficient	Std. Error	t-Statistic	Prob.
C	9.927460	5.214058	1.903980	0.0861
X1	-0.171496	0.090531	-1.894337	0.0874
X2	-0.000425	0.021796	-0.019521	0.9848
X3	-0.176961	0.138951	-1.273554	0.2316
RESID(-1)	0.771950	0.274223	2.815046	0.0183
RESID(-2)	0.341405	0.394083	0.866328	0.4066

R-squared	0.541996	Mean dependent var	2.79E-15
Adjusted R-squared	0.312994	S.D. dependent var	0.655486
S.E. of regression	0.543305	Akaike info criterion	1.897704
Sum squared resid	2.951802	Schwarz criterion	2.187425
Log likelihood	-9.181633	Hannan-Quinn criter.	1.912540
F-statistic	2.366775	Durbin-Watson stat	1.970806
Prob(F-statistic)	0.115406		

图 11-7　二阶序列相关性——LM 检验

从图 11-7 中可知,LM 值等于 8.67,检验通过,表明模型存在序列相关性。但滞后二阶残差项 RESID(-2)的 t 值为 0.87,参数检验不显著,这表明模型不存在二阶序列相关性。因此,综合一阶序列相关性和二阶序列相关性的 LM 检验,可得,模型存在一阶序列相关性。

3.广义差分法

修正模型序列相关性,一般采用广义差分法,分为三个步骤:第一步,确定残差项的序列相关系数;第二步,依据序列相关系数对所有变量进行差分;第三步,验证广义差分模型是否具有序列相关性。

(1)残差项序列相关系数的确定。回到图 11-3 的模型结果输出窗口,点击菜单栏中"Estimate",在回归方程命令中加入 AR(1)项,如图 11-8 所示。点击"确定"后,得到新的模型输出结果,如图 11-9 所示。

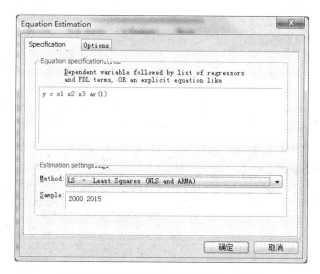

图 11-8 将 AR(1)项加入原方程命令中

Variable	Coefficient	Std. Error	t-Statistic	Prob.
C	7.650865	5.058397	1.512508	0.1613
X1	0.113928	0.090672	1.256478	0.2375
X2	-0.243873	0.034025	-7.167447	0.0000
X3	0.463202	0.128287	3.610657	0.0048
AR(1)	0.517359	0.258527	2.001180	0.0732

R-squared	0.972092	Mean dependent var	4.710973
Adjusted R-squared	0.960928	S.D. dependent var	2.416634
S.E. of regression	0.477686	Akaike info criterion	1.621475
Sum squared resid	2.281839	Schwarz criterion	1.857492
Log likelihood	-7.161063	Hannan-Quinn criter.	1.618961
F-statistic	87.07873	Durbin-Watson stat	2.001299
Prob(F-statistic)	0.000000		

Inverted AR Roots	.52

图 11-9 含一阶自相关系数的模型输出结果

从图 11-9 中可得，AR(1)的参数估计结果为 0.517，即为残差项一阶序列相关系数。添加自相关后的模型，其 DW 统计量为 2.001，接近于 2，模型的序列相关性不明显。

（2）对添加 AR(1)项后的模型进行 LM 检验。依次点击"View/Residual Diagnostics/Serial Correlation LM Test"，选择所要检验滞后阶数（lags to include），令为"1"。结果如图 11-10 所示。结果显示，LM 值为 0.067，P 值为 0.795，在 10% 的显著性水平下检验结果不显著，表明加入 AR(1)项后的模型不存在序列相关性。

Breusch-Godfrey Serial Correlation LM Test

F-statistic	0.040573	Prob. F(1,9)	0.8448
Obs*R-squared	0.067319	Prob. Chi-Square(1)	0.7953

图 11-10　LM 检验

（3）运用广义差分法进行估计。广义差分法是克服序列相关性的有效方法，它将原模型变换为满足普通最小二乘法的差分模型，再进行普通最小二乘估计。在明确原模型存在一阶序列相关性，并且可知相关性系数为 0.517，那么可以构建广义差分模型。在方程结果输出窗口中点击"Estimate"，输入方程命令"$Y-0.517*Y(-1)$ C $X1-0.517*X1(-1)$ $X2-0.517*X2(-1)$ $X3-0.517*X3(-1)$"，如图 11-11 所示。

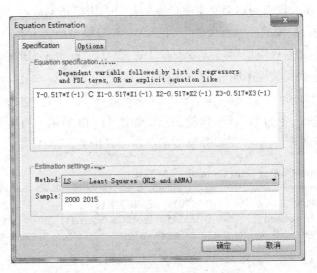

图 11-11　广义差分模型的方程命令

点击"确定"后，即可生成广义差分模型，如图 11-12 所示。

```
Dependent Variable: Y-0.517*Y(-1)
Method: Least Squares
Date: 02/21/19   Time: 14:56
Sample (adjusted): 2001 2015
Included observations: 15 after adjustments
```

Variable	Coefficient	Std. Error	t-Statistic	Prob.
C	3.693989	1.598440	2.310997	0.0412
X1-0.517*X1(-1)	0.113987	0.063505	1.794938	0.1002
X2-0.517*X2(-1)	-0.243881	0.030839	-7.908303	0.0000
X3-0.517*X3(-1)	0.463263	0.119418	3.879324	0.0026

R-squared	0.887066	Mean dependent var	2.527172
Adjusted R-squared	0.856266	S.D. dependent var	1.201342
S.E. of regression	0.455456	Akaike info criterion	1.488142
Sum squared resid	2.281839	Schwarz criterion	1.676955
Log likelihood	-7.161066	Hannan-Quinn criter.	1.486131
F-statistic	28.80075	Durbin-Watson stat	2.001016
Prob(F-statistic)	0.000017		

图 11-12　广义差分模型回归结果

在图 11-12 中,被解释变量为 $Y^* = Y_t - 0.517Y_{t-1}$,解释变量分别为 $X1^* = X1_t - 0.517X1_{t-1}$、$X2^* = X2_t - 0.517X2_{t-1}$、$X3^* = X3_t - 0.517X3_{t-1}$,模型表示为:$Y^* = 3.69 + 0.11X1^* - 0.24X2^* + 0.46X3^*$,表明人均资本和产业规模对企业全要素生产率的提升有促进作用,而股权结构对全要素生产率的提升有阻滞影响。

(4)验证差分模型的序列相关性。对于广义差分模型是否存在自相关性,需要进一步验证。从广义差分模型回归结果来看,DW 值为 2.00,接近于 2,表明模型不存在序列相关性或序列相关性不明显。

单击"View/Residual Diagnostics/Serial Correlation LM Test",选择所要检验滞后阶数(lags to include),令为"1",LM 检验的结果如图 11-13 所示。检验结果显示,LM 值 = 0.026,P 值不显著,表明广义差分模型不存在序列相关。

Breusch-Godfrey Serial Correlation LM Test:

F-statistic	0.017059	Prob. F(1,10)	0.8987
Obs*R-squared	0.025545	Prob. Chi-Square(1)	0.8730

图 11-13　广义差分模型的 LM 检验

五、思考题

1.表 11-3 给出了美国 1960—1995 年个人实际可支配收入 X 和个人实际消费支出 Y 的数据。

表 11-3　美国个人实际可支配收入和个人实际消费支出　单位:100 亿美元

年份	个人实际可支配收入 X	个人实际消费支出 Y	年份	个人实际可支配收入 X	个人实际消费支出 Y
1960	157	143	1978	326	295
1961	162	146	1979	335	302
1962	169	153	1980	337	301
1963	176	160	1981	345	305
1964	188	169	1982	348	308
1965	200	180	1983	358	324
1966	211	190	1984	384	341
1967	220	196	1985	396	357
1968	230	207	1986	409	371
1969	237	215	1987	415	382
1970	247	220	1988	432	397
1971	256	228	1989	440	406
1972	268	242	1990	448	413
1973	287	253	1991	449	411
1974	285	251	1992	461	422
1975	290	257	1993	467	434
1976	301	271	1994	478	447
1977	311	283	1995	493	458

资料来源:*Economic Report of the President*,数据为 1992 年的价格。

要求:

(1)用普通最小二乘法估计收入-消费模型

$$Y_t = \beta_1 + \beta_2 X_2 + u_t$$

(2)检验收入-消费模型的自相关状况(5%显著水平);

(3)用适当的方法消除模型中存在的问题。

2.表 11-4 是北京市连续 19 年城镇居民家庭人均收入与人均支出的数据。

表 11-4　北京市 19 年来城镇居民家庭收入与支出数据表

年份顺序	人均收入 /元	人均生活消费支出/元	商品零售物价指数/%	人均实际收入/元	人均实际支出/元
1	450.18	359.86	100.00	450.18	359.86
2	491.54	408.66	101.50	484.28	402.62
3	599.40	490.44	108.60	551.93	451.60
4	619.57	511.43	110.20	562.22	464.09
5	668.06	534.82	112.30	594.89	476.24
6	716.60	574.06	113.00	634.16	508.02
7	837.65	666.75	115.40	725.87	577.77
8	1 158.84	923.32	136.80	847.11	674.94
9	1 317.33	1 067.38	145.90	902.90	731.58
10	1 413.24	1 147.60	158.60	891.07	723.58

表11-4(续)

年份顺序	人均收入/元	人均生活消费支出/元	商品零售物价指数/%	人均实际收入/元	人均实际支出/元
11	1 767.67	1 455.55	193.30	914.47	753.00
12	1 899.57	1 520.41	229.10	829.14	663.64
13	2 067.33	1 646.05	238.50	866.81	690.17
14	2 359.88	1 860.17	258.80	911.85	718.77
15	2 813.10	2 134.65	280.30	1 003.60	761.56
16	3 935.39	2 939.60	327.70	1 200.91	897.04
17	5 585.88	4 134.12	386.40	1 445.62	1 069.91
18	6 748.68	5 019.76	435.10	1 551.06	1 153.70
19	7 945.78	5 729.45	466.90	1 701.82	1 227.13

要求:

(1)建立居民收入-消费函数;

(2)检验模型中存在的问题,并采取适当的补救措施预以处理;

(3)对模型结果进行经济解释。

3.表11-5给出了日本工薪家庭实际消费支出与可支配收入数据。

表11-5　日本工薪家庭实际消费支出与实际可支配收入　单位:1 000日元

年份	家庭实际可支配收入 X	家庭实际消费支出 Y	年份	家庭实际可支配收入 X	家庭实际消费支出 Y
1970	239	300	1983	304	384
1971	248	311	1984	308	392
1972	258	329	1985	310	400
1973	272	351	1986	312	403
1974	268	354	1987	314	411
1975	280	364	1988	324	428
1976	279	360	1989	326	434
1977	282	366	1990	332	441
1978	285	370	1991	334	449
1979	293	378	1992	336	451
1980	291	374	1993	334	449
1981	294	371	1994	330	449
1982	302	381			

资料来源:日本银行《经济统计年报》,数据为1990年的价格。

要求:

(1)建立日本工薪家庭的收入-消费函数;

(2)检验模型中存在的问题,并采取适当的补救措施预以处理;

(3)对模型结果进行经济解释。

4.表11-6给出了中国进口需求(Y)与国内生产总值(X)的数据。

表 11-6　1985—2003 年中国实际 GDP、进口需求　　　　单位:亿元

年份	实际 GDP(X)	实际进口额(Y)
1985	8 964.40	2 543.2
1986	9 753.27	2 983.4
1987	10 884.65	3 450.1
1988	12 114.62	3 571.6
1989	12 611.32	3 045.9
1990	13 090.55	2 950.4
1991	14 294.88	3 338.0
1992	16 324.75	4 182.2
1993	18 528.59	5 244.4
1994	20 863.19	6 311.9
1995	23 053.83	7 002.2
1996	25 267.00	7 707.2
1997	27 490.49	8 305.4
1998	29 634.75	9 301.3
1999	31 738.82	9 794.8
2000	34 277.92	10 842.5
2001	36 848.76	12 125.6
2002	39 907.21	14 118.8
2003	43 618.58	17 612.2

注:表中数据来源于《中国统计年鉴 2004》光盘;实际 GDP 和实际进口额均为 1985 年可比价指标。

要求:

(1)检测进口需求模型 $Y_t = \beta_1 + \beta_2 X_t + u_t$ 的自相关性;

(2)采用科克伦-奥克特迭代法处理模型中的自相关问题。

5.表 11-7 给出了某地区 1980—2000 年的地区生产总值(Y)与固定资产投资额(X)的数据。

表 11-7　某地区生产总值(Y)与固定资产投资额(X)　　　　单位:亿元

年份	地区生产总值(Y)	固定资产投资额(X)	年份	地区生产总值(Y)	固定资产投资额(X)
1980	1 402	216	1991	3 158	523
1981	1 624	254	1992	3 578	548
1982	1 382	187	1993	4 067	668
1983	1 285	151	1994	4 483	699
1984	1 665	246	1995	4 897	745
1985	2 080	368	1996	5 120	667
1986	2 375	417	1997	5 506	845
1987	2 517	412	1998	6 088	951
1988	2 741	438	1999	7 042	1 185
1989	2 730	436	2000	8 756	1 180
1990	3 124	544			

要求：

（1）使用对数线性模型 $LnY_t = \beta_1 + \beta_2 LnX_t + u_t$ 进行回归，并检验回归模型的自相关性；

（2）采用广义差分法处理模型中的自相关问题；

（3）令 $X_t^* = X_t / X_{t-1}$（固定资产投资指数），$Y_t^* = Y_t / Y_{t-1}$（地区生产总值增长指数），使用模型 $LnY_t^* = \beta_1 + \beta_2 LnX_t^* + v_t$，该模型中是否有自相关？

第十二章　异方差性的检验与修正

一、实验目的与要求

实验目的：

掌握异方差模型的检验方法、处理方法

实验要求：

掌握图形法检验、White 检验、ARCH 检验、B-P 检验、加权最小二乘法等。

二、实验原理

图形法检验、White 检验、加权最小二乘法等。

三、理论教学内容

1.同方差假定

本节讨论异方差。下一节讨论自相关问题。以两个变量为例,同方差假定如图 12-1 和图 12-2 所示。对于每一个 x_t 值,相应 μ_t 的分布方差都是相同的。

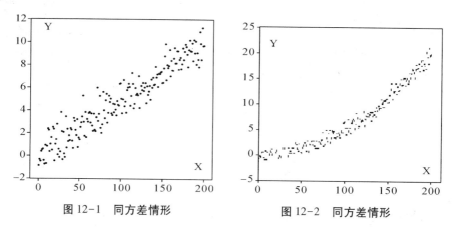

图 12-1 同方差情形   图 12-2 同方差情形

模型的假定条件(1)给出 $Var(u)$ 是一个对角矩阵,

$$Var(U) = EUU' = \sigma^2 I = \sigma^2 \begin{bmatrix} 1 & & & 0 \\ & 1 & & \\ & & \ddots & \\ 0 & & & 1 \end{bmatrix} \tag{12-1}$$

且 u 的方差协方差矩阵主对角线上的元素都是常数且相等,即每一误差项的方差都是有限的相同值(同方差假定);且非主对角线上的元素为零(非自相关假定),当这个假定不成立时,$Var(U)$ 不再是一个纯量对角矩阵。

$$Var(U) = \sigma^2 \Omega = \sigma^2 \begin{bmatrix} \sigma_{11} & 0 & \cdots & 0 \\ 0 & \sigma_{22} & \cdots & 0 \\ \cdots & \cdots & \cdots & \cdots \\ 0 & 0 & \cdots & \sigma_{TT} \end{bmatrix} \neq \sigma^2 I \tag{12-2}$$

当误差向量 U 的方差协方差矩阵主对角线上的元素不相等时,称该随机误差系列存在异方差,即误差向量 U 中的元素 μ_t 取自不同的分布总体。非主对角线上的元素表示误差项之间的协方差值。比如 Ω 中的 σ_{ij} 与 σ^2 的乘积,$(i \neq j)$ 表示与第 i 组和第 j 组观测值相对应的 μ_i 与 μ_j 的协方差。若 Ω 非主对角线上的部分或全部元素都不为零,误差项就是自相关的。

2.异方差表现与来源

异方差通常有三种表现形式:递增型、递减型、条件自回归型。递增型异方差见图 12-3 和图 12-4。图 12-5 为递减型异方差。图 12-6 为条件自回归型异方差。

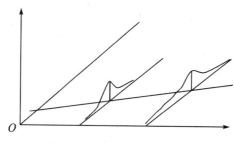

图 12-3 递增型异方差情形

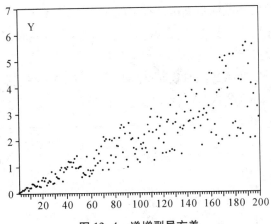

图 12-4 递增型异方差

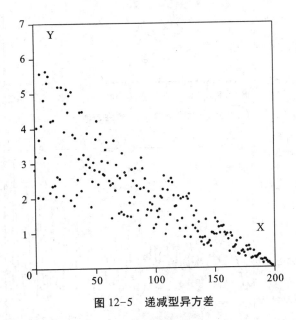

图 12-5 递减型异方差

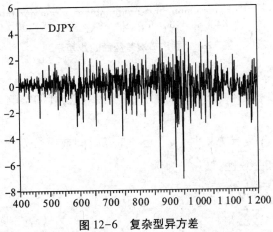

图 12-6 复杂型异方差

（1）时间序列数据和截面数据中都有可能存在异方差。

（2）经济时间序列中的异方差常为递增型异方差。金融时间序列中的异方差常表现为自回归条件异方差。

无论是时间序列数据还是截面数据,递增型异方差的来源主要是因为随着解释变量值的增大,被解释变量取值的差异性增大。

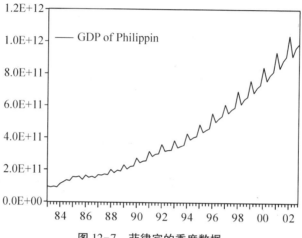

图 12-7 菲律宾的季度数据

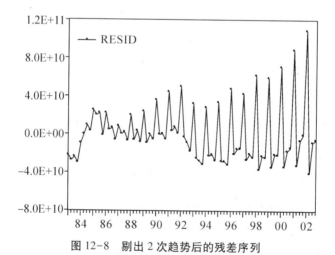

图 12-8 剔出 2 次趋势后的残差序列

3.异方差的后果

下面以简单线性回归模型为例讨论异方差对参数估计的影响。对于模型

$$y_t = b_0 + b_1 x_t + u_t \tag{12-3}$$

当 $Var(u_t) = \sigma_t^2$, 为异方差时（σ_t^2 是一个随时间或序数变化的量）,回归参数估计量仍具有无偏性和一致性。以 $\hat{\beta}_1$ 为例

$$E(\hat{\beta}_1) = E(\frac{\sum (x_t - \bar{x})(y_t - \bar{y})}{\sum (x_t - \bar{x})^2}) = E(\frac{\sum (x_t - \bar{x})[\beta_1(x_t - \bar{x}) + u_t]}{\sum (x_t - \bar{x})^2})$$

$$= \beta_1 + \frac{\sum (x_t - \bar{x})E(u_t)}{\sum (x_t - \bar{x})^2} = \beta_1 \qquad (12\text{-}4)$$

在公式(12-14)的推导中利用了 $E(u_t) = 0$ 的假定。

但是回归参数估计量不再具有有效性。仍以 $\hat{\beta}_1$ 为例,

$$E(\hat{\beta}_1) = E\left(\frac{\sum (x_t - \bar{x})u_t}{\sum (x_t - \bar{x})^2}\right)^2 = E\left(\frac{(\sum (x_t - \bar{x})u_t)^2}{(\sum (x_t - \bar{x})^2)^2}\right)$$

$$= \frac{\sum (x_t - \bar{x})^2 E(u_t)^2}{(\sum (x_t - \bar{x})^2)^2} = \frac{\sum (x_t - \bar{x})^2 \sigma_t^2}{(\sum (x_t - \bar{x})^2)^2} \neq \frac{\sigma^2}{\sum (x_t - \bar{x})^2} \qquad (12\text{-}5)$$

在公式(12-5)的推导中利用了 μ_t 的非自相关假定。公式(12-5)不等号右侧项分子中的 σ_t^2 不是一个常量,不能从累加式中提出,所以不等号右侧项不等于不等号左侧项。而不等号右侧项是同方差条件下 β_1 的最小二乘估计量 $\hat{\beta}_1$ 的方差。因此异方差条件下的 $\hat{\beta}_1$ 失去有效性。

另外回归参数估计量方差的估计是真实方差的有偏估计量。例如

$$E(\hat{Var}(\hat{\beta}_1)) \neq Var(\hat{\beta}_1)$$

下面用矩阵形式讨论。因为 OLS 估计量无偏性的证明只依赖于模型的一阶矩,所以当 $Var(U)$ 如公式(12-2)所示时,OLS 估计量 $\hat{\beta}$ 仍具有无偏性和一致性。

$$E(\hat{\beta}) = E[(X'X)^{-1}X'Y] = E[(X'X)^{-1}X'(X\beta + U)] = \beta$$

但不具有有效性和渐近有效性。而且 $\hat{\beta}$ 的分布将受到影响。

$$Var(\hat{\beta}) = E[(\hat{\beta} - \beta)(\hat{\beta} - \beta)'] = E[(X'X)^{-1}X'uu'X(X'X)^{-1}]$$
$$= (X'X)^{-1}X'E(uu')X(X'X)^{-1} = \sigma^2(X'X)^{-1}X'\Omega X(X'X)^{-1}$$

不等于 $\sigma^2(X'X)^{-1}$,所以异方差条件下 $\hat{\beta}$ 是非有效估计量。

4.异方差检验

(1)定性分析异方差。

①经济变量规模差别很大时容易出现异方差。如个人收入与支出关系,投入与产出关系。

②利用散点图进行初步判断。

③利用残差图进行初步判断。

(2)异方差检验。

①White 检验。White 检验由 H. White 1980 年提出。Goldfeld-Quandt 检验必须先把数据按解释变量的值从小到大排序。Glejser 检验通常要试拟合多个回归式。White 检验不需要对观测值排序,也不依赖于随机误差项服从正态分布,它是通过一个辅助回归式构造 χ^2 统计量进行异方差检验。以二元回归模型为例,White 检验的具体步骤如下:

$$y_t = b_0 + b_1 x_{t1} + b_2 x_{t2} + u_t \qquad (12\text{-}6)$$

第一步,对上式进行 OLS 回归,求残差 $\hat{u}_t$。

第二步,做如下辅助回归式,

$$\hat{\mu}_t^2 = a_0 + a_1 x_{t1} + a_2 x_{t2} + a_3 x_{t1}^2 + a_4 x_{t2}^2 + a_5 x_{t1} x_t \qquad (12\text{-}7)$$

即用 $\hat{u}_t^2$ 对原回归式中的各解释变量、解释变量的平方项、交叉积项进行 OLS 回归。注意,上式中要保留常数项。求辅助回归式(12-7)的可决系数 R^2。

第三步,White 检验的零假设和备择假设是

H_0:公式(12-6)中的 μ_t 不存在异方差,

H_1:公式(12-6)中的 μ_t 存在异方差。

第四步,在不存在异方差假设条件下,统计量

$$TR^2 \sim \chi_\alpha^2(5) \qquad (12\text{-}8)$$

其中,T 表示样本容量,R^2 是辅助回归式(12-7)的 OLS 估计式的可决系数。自由度 5 表示辅助回归式(12-,7)中解释变量项数(注意,不计算常数项)。TR^2 属于 LM 统计量。

第五步,判别规则是

若 $TR^2 \leqslant \chi_\alpha^2(5)$,接受 $H_0(\mu_t$ 具有同方差);

若 $TR^2 > \chi_\alpha^2(5)$,拒绝 $H_0(\mu_t$ 具有异方差)。

在回归式窗口中单击 View 键选"Residual Tests/White Heteroskedasticity"功能。检验式存在有无交叉项两种选择。

②Goldfeld-Quandt 检验。H_0:μ_t 具有同方差;H_1:μ_t 具有递增型异方差。

构造 F 统计量。第一步,把原样本分成两个子样本。具体方法是把成对(组)的观测值按解释变量的大小顺序排列,略去 m 个处于中心位置的观测值(通常 $T > 30$ 时,取 $m \approx T / 4$,余下的 $T-m$ 个观测值自然分成容量相等,$(T-m)/2$,的两个子样本)。

$$\underbrace{\{x_1, x_2, \cdots, x_{i-1}}_{n_1=(T-m)/2}, \underbrace{x_i, x_{i+1}}_{m=T/4}, \cdots, \underbrace{x_{T-1}, x_T\}}_{n_2=(T-m)/2}$$

第二步,用两个子样本分别估计回归直线,并计算残差平方和。相对于 n_2 和 n_1 分别用 SSE_2 和 SSE_1 表式。

第三步,F 统计量是

$$F = \frac{SSE_2/(n_2 - k)}{SSE_1/(n_1 - k)} = \frac{SSE_2}{SSE_1} \quad (k \text{ 为模型中被估参数个数})$$

在 H_0 成立条件下,$F \sim F(n_2 - k, n_1 - k)$

第四步,判别规则如下:

若 $F \leqslant F_\alpha(n_2 - k, n_1 - k)$,接受 $H_0(\mu_t$ 具有同方差)

若 $F > F_\alpha(n_2 - k, n_1 - k)$,拒绝 $H_0(\mu_t$ 递增型异方差)

注意:

第一,当模型含有多个解释变量时,应以每一个解释变量为基准检验异方差。

第二,此法只适用于递增型异方差。

第三,对于截面样本,计算 F 统计量之前,必须先把数据按解释变量的值从小到大排序。

③Glejser 检验。检验 $|\hat{u}_t|$ 是否与解释变量 x_t 存在函数关系。若有,则说明存在异方差;若无,则说明不存在异方差。通常应检验的几种形式是:

$$|\hat{u}_t| = \alpha_0 + \alpha_1 x_t$$

$$|\hat{u}_t| = \alpha_0 + \alpha_1 x_t^2$$

$$|\hat{u}_t| = \alpha_0 + \alpha_1 \sqrt{x_t}\,,$$

……

Glejser 检验的特点是:

第一,既可检验递增型异方差,也可检验递减型异方差。

第二,一旦发现异方差,同时也就发现了异方差的具体表现形式。

第三,计算量相对较大。

第四,当原模型含有多个解释变量值时,可以把 $|\hat{u}_t|$ 拟合成多变量回归形式。

④自回归条件异方差(ARCH)检验。异方差的另一种检验方法称作自回归条件异方差(ARCH)检验。这种检验方法不是把原回归模型的随机误差项 σ_t^2 看作是 x_t 的函数,而是把 σ_t^2 看作误差滞后项 u_{t-1}^2, u_{t-2}^2, … 的函数。 ARCH 是误差项二阶矩的自回归过程。恩格尔(Engle, 1982)针对 ARCH 过程提出 LM 检验法。辅助回归式定义为

$$\hat{u}_t^2 = \alpha_0 + \alpha_1 \hat{u}_{t-1}^2 + \cdots + \alpha_n \hat{u}_{t-n}^2 \qquad (12\text{-}9)$$

LM 统计量定义为

$$\text{ARCH} = TR^2 \sim \chi_{(n)}^2$$

其中 R^2 是辅助回归式(12-12)的可决系数。在 $H_0: \alpha_1 = \cdots = \alpha_n = 0$ 成立条件下,ARCH 渐近服从 $\chi_{(n)}^2$ 分布。ARCH 检验的最常用形式是一阶自回归模型($n=1$),

$$\hat{u}_t^2 = \alpha_0 + \alpha_1 \hat{u}_{t-1}^2 \qquad (12\text{-}10)$$

在这种情形下,ARCH 渐近服从 $\chi_{(1)}^2$ 分布。

5.异方差的修正

克服异方差的矩阵描述。设模型为

$$Y = X\beta + u \qquad (12\text{-}11)$$

其中,$E(u) = 0$,$Var(u) = E(uu') = \sigma^2 \Omega$。$\Omega$ 已知,β 与 k 未知。因为 $\Omega \neq I$,违反了假定条件,所以应该对模型进行适当修正。

因为 Ω 是一个 T 阶正定矩阵,所以必存在一个非退化 $T \times T$ 阶矩阵 M 使下式成立:

$$M\Omega M' = I_{T \times T} \qquad (12\text{-}12)$$

从上式得

$$M'M = \Omega^{-1} \qquad (12\text{-}13)$$

用 M 左乘上述回归模型两侧得

$$M\,Y = M\,X\,\beta + M\,u \qquad (12-14)$$

取 $Y^* = M\,Y$，$X^* = M\,X$，$u^* = M\,u$，上式变换为

$$Y^* = X^*\beta + u^* \qquad (12-15)$$

则 u^* 的方差协方差矩阵为

$$Var(u^*) = E(u^*u^{*\prime}) = E(M\,u\,u'M') = M\,\sigma^2\,\Omega M' = \sigma^2 M\,\Omega M' = \sigma^2 I$$

变换后模型的 $Var(u^*)$ 是一个纯量对角矩阵。对变换后模型进行 OLS 估计，得到的是 β 的最佳线性无偏估计量。这种估计方法称作广义最小二乘法。β 的广义最小二乘（GLS）估计量定义为

$$\hat{\beta}_{(GLS)} = (X^{*\prime}X^*)^{-1}X^{*\prime}Y* = (X'M'MX)^{-1}X'M'MY = (X'\Omega^{-1}X)^{-1}X'\Omega^{-1}Y$$

（1）对模型

$$y_t = \beta_0 + \beta_1 x_{t1} + \beta_2 x_{t2} + u_t \qquad (12-16)$$

通常假定异方差形式是 $Var(u_t) = (\sigma\,x_{t1})^2$。因为 $Var(u_t) = E(u_t)^2$，相当于认为 $|\hat{u}_t| = \sigma\,x_{t1}$，用 x_{t1} 同除上式两侧得

$$\frac{y_t}{x_{t1}} = \frac{\beta_0}{x_{t1}} + \beta_1 + \frac{\beta_2 x_{t2}}{x_{t1}} + \frac{u_t}{x_{t1}} \qquad (12-17)$$

因为 $Var\left(\dfrac{u_t}{x_{t1}}\right) = \dfrac{1}{x_{t1}^2}Var(u_t) = \dfrac{1}{x_{t1}^2}\sigma^2 x_{t1}^2 = \sigma^2$，公式（12-17）中的随机项 $\dfrac{u_t}{x_{t1}}$ 是同方差的。对公式（12-17）进行 OLS 估计后，把回归参数的估计值代入原模型（式 12-16）。

对公式（12-17）式应用 OLS 法估计参数，求 $\sum(u_t/x_{t1})^2$ 最小。其实际意义是在求 $\sum(u_t/x_{t1})^2$ 最小的过程中给相应误差项分布方差小的观测值以更大的权数。所以此法亦称为加权最小二乘法，是 GLS 估计法的一个特例。

以异方差形式 $Var(u_t) = \sigma^2 x_t^2$ 为例，用矩阵形式介绍克服异方差。

$$\sigma^2\Omega = \sigma^2\begin{bmatrix} x_1^2 & & 0 \\ & \cdots & \\ 0 & & x_T^2 \end{bmatrix}$$

定义

$$M = \begin{bmatrix} 1/x_1 & & 0 \\ & \cdots & \\ 0 & & 1/x_T \end{bmatrix}$$

从而使 $Var(M\,u) = E(M\,u\,u'M') = M\,\sigma^2\,\Omega M' = \sigma^2 M\,\Omega M'$

$$= \sigma^2\begin{bmatrix} 1/x_1 & & 0 \\ & \cdots & \\ 0 & & 1/x_T \end{bmatrix}\begin{bmatrix} 1/x_1^2 & & 0 \\ & \cdots & \\ 0 & & 1/x_T^2 \end{bmatrix}\begin{bmatrix} 1/x_1 & & 0 \\ & \cdots & \\ 0 & & 1/x_T \end{bmatrix}'$$

$$= \sigma^2 I_{T\times T}$$

即对于公式（12-16）来说误差项已消除了异方差。

（2）利用 Glejser 检验结果消除异方差。

假设 Glejser 检验结果是

$$| \hat{u}_t | = \hat{a}_0 + \hat{a}_1 x_t$$

说明异方差形式是 $Var(u_t) = (\hat{a}_0 + \hat{a}_1 x_t)^2 \sigma^2$。用 $(\hat{a}_0 + \hat{a}_1 x_t)$ 除原模型（12-16）各项，

$$\frac{y_t}{\hat{a}_0 + \hat{a}_1 x_t} = \beta_0 \frac{1}{\hat{a}_0 + \hat{a}_1 x_t} + \beta_1 \frac{x_t}{\hat{a}_0 + \hat{a}_1 x_t} + \frac{u_t}{\hat{a}_0 + \hat{a}_1 x_t} \qquad (12-18)$$

则 $Var(\frac{u_t}{\hat{a}_0 + \hat{a}_1 x_t}) = \frac{1}{(\hat{a}_0 + \hat{a}_1 x_t)^2}$　$Var(u_t) = \frac{1}{(\hat{a}_0 + \hat{a}_1 x_t)^2}$　$(\hat{a}_0 + \hat{a}_1 x_t)^2 \sigma^2 = \sigma^2$

说明消除了异方差。对式（12-18）式做 OLS 估计，把回归参数的估计值代入原模型（12-16）。

（3）通过对数据取对数消除异方差。

（4）当模型中存在自回归条件异方差时，可以采用极大似然估计法，通过建立自回归条件异方差辅助方程增强原回归方程（均值方程）参数估计量的有效性（见 ARCH 模型）。

四、实验过程

【理论依据】根据明瑟收入决定方程,决定收入（Y）的核心影响因素是受教育水平（X）,并且二者成指数相关关系。

【模型与数据】为考察2001—2016年我国居民受教育年限对收入的影响,建立指数回归模型: $Y = \alpha \cdot e^{\beta X}$,线性化为 $\ln Y = \ln\alpha + \beta X$。其中,参数 β 反映教育年限对收入增长率的影响,$\ln\alpha$ 为常数项。我国居民人均可支配收入用 Y 表示,居民人均受教育年限用 X 表示, 数据来源于《中国统计年鉴》和《中国劳动统计年鉴》,如表12-1 所示。

表 12-1　2001—2016 年我国人均可支配收入与人均受教育年限

年份	Y	X	年份	Y	X
2001	4 070	8.217 0	2009	10 978	8.693 7
2002	4 532	8.258 0	2010	12 520	9.082 9
2003	5 007	8.401 0	2011	14 551	9.590 6
2004	5 661	8.546 7	2012	16 510	9.682 2
2005	6 385	8.301 8	2013	18 311	9.743 9
2006	7 229	8.346 1	2014	20 167	9.868 5
2007	8 584	8.462 0	2015	21 966	9.995 8
2008	9 957	8.578 4	2016	23 821	10.056 3

实验过程分为三个部分:多元线性回归模型、异方差检验、加权最小二乘法。

1.多元线性回归模型

创建 EViews 工作文件,导入相关数据,创建 Y、X 序列组,点击"Proc/Make Equa-tion",在方程命令窗口中输入"log(Y) C X","Method"下拉菜单中选中"LS",单击"确定"后,输出多元线性回归模型结果,如图 12-9 所示。

Dependent Variable: LOG(Y)
Method: Least Squares
Date: 02/21/19   Time: 16:56
Sample: 2001 2016
Included observations: 16

Variable	Coefficient	Std. Error	t-Statistic	Prob.
C	2.110378	0.673452	3.133674	0.0073
X	0.791752	0.074704	10.59845	0.0000

R-squared	0.889177	Mean dependent var	9.227477
Adjusted R-squared	0.881261	S.D. dependent var	0.591262
S.E. of regression	0.203740	Akaike info criterion	-0.227472
Sum squared resid	0.581142	Schwarz criterion	-0.130899
Log likelihood	3.819778	Hannan-Quinn criter.	-0.222527
F-statistic	112.3271	Durbin-Watson stat	0.385218
Prob(F-statistic)	0.000000		

图 12-9   模型回归结果

2.异方差检验

异方差的检验方法有图示法、等级相关系数法、戈里瑟检验(Gleiser)、巴特莱特检验法、G-Q 检验法、B-P 检验法、怀特检验法(White)。这些方法各具优点,很难说明哪种方法最好。本书介绍三种异方差检验方法:图示法、B-P 检验法、怀特检验法(White)。

(1)图示法。异方差是指模型残差项的方差不再是常数,而是随着样本点的不同而出现变化。因此,构建残差项平方和解释变量的散点图进行直观判断,如果残差项平方随着解释变量变动表现出明显变动,则说明模型存在异方差。

点击 EViews 主菜单中"Quick/Graph",在图形命令中输入"X resid^2",接着在图形类别"Graph type"中选择散点图"Scatter",点击"OK"后,生成 X-resid^2 的散点图,如图 12-10 所示。

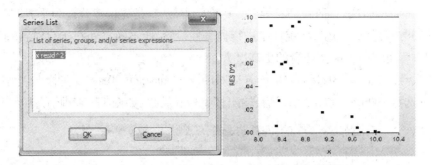

图 12-10　X-resid^2 散点图

从图 12-10 中可知,残差项平方随着 X 的增大而减小,呈现出单调递减型异方差特征。

B-P 检验法。在模型回归结果界面(图 12-9)中,依次点击"View/Residual Diagnostics/Heteroskedasticity Tests",在检验类别(Test Type)中选择"Breusch-Pagan-Godfrey",回归变量默认为"c x",点击"OK"后,输出 B-P 检验结果,如图 12-11 所示。

```
Equation: UNTITLED   Workfile: 表1 2000-2017年我国人均消费支出和人均可支配收入 (2)::U
View Proc Object | Print Name Freeze | Estimate Forecast Stats Resids |

Heteroskedasticity Test: Breusch-Pagan-Godfrey

F-statistic              15.21371    Prob. F(1,14)          0.0016
Obs*R-squared             8.332367    Prob. Chi-Square(1)    0.0039
Scaled explained SS       2.982711    Prob. Chi-Square(1)    0.0842


Test Equation:
Dependent Variable: RESID^2
Method: Least Squares
Date: 02/21/19   Time: 17:22
Sample: 2001 2016
Included observations: 16
```

Variable	Coefficient	Std. Error	t-Statistic	Prob.
C	0.370484	0.085918	4.312046	0.0007
X	-0.037174	0.009531	-3.900476	0.0016

R-squared	0.520773	Mean dependent var	0.036321
Adjusted R-squared	0.486542	S.D. dependent var	0.036275
S.E. of regression	0.025993	Akaike info criterion	-4.345507
Sum squared resid	0.009459	Schwarz criterion	-4.248934
Log likelihood	36.76406	Hannan-Quinn criter.	-4.340562
F-statistic	15.21371	Durbin-Watson stat	1.346576
Prob(F-statistic)	0.001600		

图 12-11　B-P 检验输出结果

(2)B-P 检验输出结果的上半区域是检验结果,下半区域是检验方程。从检验结果来看,LM 统计量(B-P 检验法采用 LM 统计量为检验标准)为 8.33,其 P 值为 0.003 9,在 10% 的显著性水平下拒绝同方差假设,表明模型存在异方差。

（3）怀特检验法。怀特检验法与B-P检验类似，都是先构建残差项平方与解释变量的回归方程，然后采用LM统计量进行显著性检验，所不同之处在于，怀特检验法辅助回归方程可以引入解释变量的更高次方。

依次点击"View/Residual Diagnostics/Heteroskedasticity Tests"，在检验类别（Test Type）中选择"White"，点击"OK"后，输出怀特检验结果，如图12-12所示。

```
┌─────────────────────────────────────────────────────────────────────────┐
│ ▤ Equation: UNTITLED  Workfile: 表1 2000-2017年我国人均消费支出和人均可支配收入 (2)::( │
├─────────────────────────────────────────────────────────────────────────┤
│ View Proc Object │ Print Name Freeze │ Estimate Forecast │ Stats Resids    │
├─────────────────────────────────────────────────────────────────────────┤
│ Heteroskedasticity Test: White                                            │
│                                                                           │
│ F-statistic           7.692854      Prob. F(2,13)            0.0062       │
│ Obs*R-squared         8.672369      Prob. Chi-Square(2)      0.0131       │
│ Scaled explained SS   3.104420      Prob. Chi-Square(2)      0.2118       │
│                                                                           │
│                                                                           │
│ Test Equation:                                                            │
│ Dependent Variable: RESID^2                                               │
│ Method: Least Squares                                                     │
│ Date: 02/21/19   Time: 17:33                                              │
│ Sample: 2001 2016                                                         │
│ Included observations: 16                                                 │
│                                                                           │
│    Variable        Coefficient    Std. Error    t-Statistic    Prob.      │
│                                                                           │
│       C            -1.358319       2.227656      -0.609753     0.5525     │
│      X^2           -0.020913       0.026928      -0.776659     0.4513     │
│       X             0.344223       0.491170       0.700823     0.4958     │
│                                                                           │
│ R-squared            0.542023    Mean dependent var          0.036321     │
│ Adjusted R-squared   0.471565    S.D. dependent var          0.036275     │
│ S.E. of regression   0.026369    Akaike info criterion      -4.265863     │
│ Sum squared resid    0.009040    Schwarz criterion          -4.121002     │
│ Log likelihood      37.12690     Hannan-Quinn criter.       -4.258445     │
│ F-statistic          7.692854    Durbin-Watson stat          1.348968     │
│ Prob(F-statistic)    0.006244                                             │
└─────────────────────────────────────────────────────────────────────────┘
```

图12-12　怀特检验输出结果

与B-P检验输出结果类似，上半区域是检验结果，下半区域是检验方程。从检验结果来看，LM统计量（怀特检验法采用LM统计量为检验标准）为8.67，其P值为0.013 1，在10%的显著性水平下拒绝同方差假设，表明模型存在异方差。

3.加权最小二乘法

异方差的理论形式为：$\text{Var}(\mu_i) = E(\mu_i^2) = \sigma_i^2 = f(X_{ji})\sigma^2$，如果对原模型的变量添加一个$1/\sqrt{f(X_{ji})}$的权重，那么加权后模型残差序列的方差为：

$$\text{Var}(\mu/\sqrt{f(X_{ji})}) = (1/\sqrt{f(X_{ji})})^2 \quad \text{Var}(\mu_i) = \frac{1}{f(X_{ji})} \cdot f(X_{ji})\sigma^2 = \sigma^2$$

可知，加权后的模型符合同方差假设，所添加的权重序列为$1/\sqrt{f(X_{ji})}$。这样处理异方差的估计方法称为加权最小二乘法。

加权最小二乘法的关键在于寻找合适的"权"，帕克检验给出了一种相对灵活，有着广泛应用的方法。

第一步,对原模型进行普通最小二乘估计,生成残差序列 e1。操作流程为:点击主菜单栏"Quick/Estimate Equation"(如图 12-13),在模型命令窗口输入"log(y) c x",单击"确定"后,生成普通最小二乘估计结果。

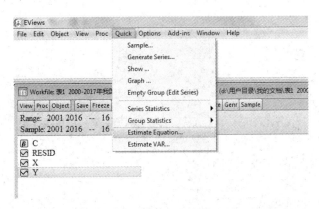

图 12-13　创建模型回归命令

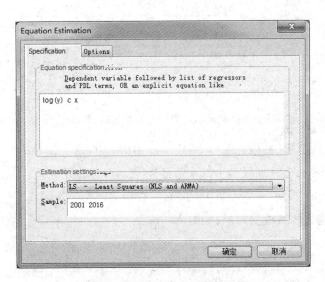

图 12-14　输入模型回归表达式

第二步,保存普通最小二乘估计结果的残差序列,根据公式 $\ln(e_i^2) = \alpha_0 + \alpha_1 X$,得到残差项对 X 的拟合值 $\hat{e}_i^2$。在主界面命令窗口分别输入如下命令:

genr e1 = resid　　　　　　　　(生成残差序列,命名为 e1)

genr e2 = (e1)^2　　　　　　　(生成残差序列平方项,命名为 e2)

genr lne3 = log(e2)　　　　　　(生成残差序列平方项的对数值,命名为 lne3)

ls lne3 c x　　　　　　　　　　(以 lne3 为被解释变量进行线性回归)

在回归结果输出窗口中点击"Forecast",生成拟合值 lne3f。

genr e3f = exp(lne3f)　　　　　(将拟合值返回指数形式,命名为 e3f)

genr w = 1/((e3f)^(1/2)) (以拟合值倒数的平方根生成权重,命名为 w)

ls log(y) * w c x * w   (进行加权最小二乘回归)

权重生成命令和加权最小二乘回归结果如图 12-15 所示。

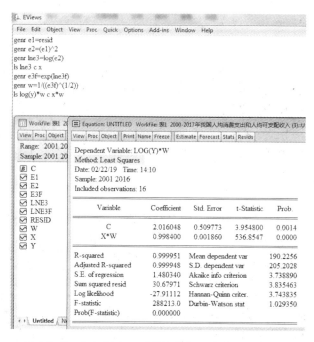

图 12-15 加权最小二乘估计的权重确定和回归结果

加权最小二乘估计的最终模型为:$Y^* = 2.016 + 0.998X^*$,其中 $Y^* = w \cdot \ln(Y)$,$X^* = w \cdot X$。进一步的,验证加权最小二乘估计模型是否具有异方差性,依次单击"View/Residual Diagnostics/Heteroskedasticity Tests",在检验类别"Test Type"中选择"White",点击"OK"后,输出怀特检验结果,如图 12-16 所示。

Equation: UNTITLED Workfile: 表1 2000-2017年我国人均消费支出和人均可支配收入 (3)::U			
View Proc Object	Print Name Freeze	Estimate Forecast	Stats Resids
Heteroskedasticity Test: White			
F-statistic	1.337840	Prob. F(2,13)	0.2963
Obs*R-squared	2.731037	Prob. Chi-Square(2)	0.2552
Scaled explained SS	0.986818	Prob. Chi-Square(2)	0.6105

图 12-16 加权最小二乘估计模型的异方差性检验

从图 12-16 怀特检验结果来看,LM 值为 2.731,P 值为 0.255,在 10% 的显著性水平下,检验结果为不显著,没有足够信息拒绝同方差的原假设,因此,加权最小二乘估计模型较好地修正了原模型的异方差性。

五、思考题

1. 由表 12-2 中给出消费 Y 与收入 X 的数据, 试根据所给数据资料完成以下问题:

(1) 估计回归模型 $Y = \beta_1 + \beta_2 X + u$ 中的未知参数 β_1 和 β_2, 并写出样本回归模型的书写格式;

(2) 试用 Goldfeld-Quandt 法和 White 法检验模型的异方差性;

(3) 选用合适的方法修正异方差。

表 12-2　消费与收入数据表

Y	X	Y	X	Y	X
55	80	152	220	95	140
65	100	144	210	108	145
70	85	175	245	113	150
80	110	180	260	110	160
79	120	135	190	125	165
84	115	140	205	115	180
98	130	178	265	130	185
95	140	191	270	135	190
90	125	137	230	120	200
75	90	189	250	140	205
74	105	55	80	140	210
110	160	70	85	152	220
113	150	75	90	140	225
125	165	65	100	137	230
108	145	74	105	145	240
115	180	80	110	175	245
140	225	84	115	189	250
120	200	79	120	180	260
145	240	90	125	178	265
130	185	98	130	191	270

2. 由表 12-3 中给出 1985 年我国北方几个省(直辖市、自治区)农业总产值、农用化肥量、农用水利、农业劳动力、每日生产性固定生产原值以及农机动力数据, 要求:

(1) 试建立我国北方地区农业产出线性模型;

(2) 选用适当的方法检验模型中是否存在异方差;

(3) 如果存在异方差, 采用适当的方法加以修正。

表 12-3　我国北方省市农业总产值表

地区	农业总产值/亿元	农业劳动力/万人	灌溉面积/万公顷	化肥用量/万吨	户均固定资产/元	农机动力/万马力
北京	19.64	90.1	33.84	7.5	394.3	435.3
天津	14.4	95.2	34.95	3.9	567.5	450.7
河北	149.9	1 639.0	357.26	92.4	706.89	2 712.6
山西	55.07	562.6	107.9	31.4	856.37	1 118.5
内蒙古	60.85	462.9	96.49	15.4	1 282.81	641.7
辽宁	87.48	588.9	72.4	61.6	844.74	1 129.6
吉林	73.81	399.7	69.63	36.9	2 576.81	647.6
黑龙江	104.51	425.3	67.95	25.8	1 237.16	1 305.8
山东	276.55	2 365.6	456.55	152.3	5 812.02	3 127.9
河南	200.02	2 557.5	318.99	127.9	754.78	2 134.5
陕西	68.18	884.2	117.9	36.1	607.41	764
新疆	49.12	256.1	260.46	15.1	1 143.67	523.3

3.表 12-4 中的数据是美国 1988 年研究与开发(R&D)支出费用(Y)与不同部门产品销售量(X)。试根据资料建立一个回归模型,运用 Glejser 方法和 White 方法检验异方差,由此决定异方差的表现形式并选用适当方法加以修正。

表 12-4　美国研究与开发、支出费用及产品销售量　　　　单位:百万美元

工业群体	销售量 X	R&D 费用 Y	利润 Z
1.容器与包装	6 375.3	62.5	185.1
2.非银行业金融	11 626.4	92.9	1 569.5
3.服务行业	14 655.1	178.3	276.8
4.金属与采矿	21 869.2	258.4	2 828.1
5.住房与建筑	26 408.3	494.7	225.9
6.一般制造业	32 405.6	1 083	3 751.9
7.休闲娱乐	35 107.7	1 620.6	2 884.1
8.纸张与林木产品	40 295.4	421.7	4 645.7
9.食品	70 761.6	509.2	5 036.4
10.卫生保健	80 552.8	6 620.1	13 869.9
11.宇航	95 294	3 918.6	4 487.8
12.消费者用品	101 314.3	1 595.3	10 278.9
13.电器与电子产品	116 141.3	6 107.5	8 787.3
14.化工产品	122 315.7	4 454.1	16 438.8
15.五金	141 649.9	3 163.9	9 761.4

表12-4(续)

工业群体	销售量 X	R&D 费用 Y	利润 Z
16.办公设备与计算机	175 025.8	13 210.7	19 774.5
17.燃料	230 614.5	1 703.8	22 626.6
18.汽车	293 543	9 528.2	18 415.4

4.由表12-5中给出的收入和住房支出样本数据,建立住房支出模型。

表12-5　收入和住房支出数据

住房支出	收入
1.8	5
2	5
2	5
2	5
2.1	5
3	10
3.2	10
3.5	10
3.5	10
3.6	10
4.2	15
4.2	15
4.5	15
4.8	15
5	15
4.8	20
5	20
5.7	20
6	20
6.2	20

假设模型为 $Y_i = \beta_1 + \beta_2 X_i + u_i$,其中 Y 为住房支出, X 为收入。试求解下列问题:

(1)用 OLS 求参数的估计值、标准差、拟合优度;

(2)用 Goldfeld-Quandt 方法检验异方差(假设分组时不去掉任何样本值);

(3)如果模型存在异方差,假设异方差的形式是 $\sigma_i^2 = \sigma^2 X_i^2$,试用加权最小二乘法重新估计 β_1 和 β_2 的估计值、标准差、拟合优度。

5.表12-6中给出了1969年20个国家的股票价格(Y)和消费者价格年百分率变化(X)的一个横截面数据。

表 12-6 20个国家的股票价格和消费者价格表 单位:%

国家	股票价格变化率 Y	消费者价格变化率 X
1.澳大利亚	5	4.3
2.奥地利	11.1	4.6
3.比利时	3.2	2.4
4.加拿大	7.9	2.4
5.智利	25.5	26.4
6.丹麦	3.8	4.2
7.芬兰	11.1	5.5
8.法国	9.9	4.7
9.德国	13.3	2.2
10.印度	1.5	4
11.爱尔兰	6.4	4
12.以色列	8.9	8.4
13.意大利	8.1	3.3
14.日本	13.5	4.7
15.墨西哥	4.7	5.2
16.荷兰	7.5	3.6
17.新西兰	4.7	3.6
18.瑞典	8	4
19.英国	7.5	3.9
20.美国	9	2.1

试根据资料完成以下问题:

(1)将 Y 对 X 回归并分析回归中的残差;

(2)因智利的数据出现了异常,去掉智利数据后,重新作回归并再次分析回归中的残差;

(3)如果根据(1)的结果你将得到有异方差性的结论,而根据(2)的结论你又得到相反的结论,对此你能得出什么样的结论?

6.表12-7中给出的是1998年我国重要制造业销售收入与销售利润的数据资料。

表 12-7 我国重要制造业销售收入与销售利润表 单位:亿元

行业名称	销售收入	销售利润	行业名称	销售收入	销售利润
食品加工业	187.25	3 180.44	医药制造业	238.71	1 264.10
食品制造业	111.42	1 119.88	化学纤维制造	81.57	779.46
饮料制造业	205.42	1 489.89	橡胶制品业	77.84	692.08
烟草加工业	183.87	1 328.59	塑料制品业	144.34	1 345.00

表12-7(续)

行业名称	销售收入	销售利润	行业名称	销售收入	销售利润
纺织业	316.79	3 862.90	非金属矿制品	339.26	2 866.14
服装制造业	157.70	1 779.10	黑色金属冶炼	367.47	3 868.28
皮革羽绒制品	81.73	1 081.77	有色金属冶炼	144.29	1 535.16
木材加工业	35.67	443.74	金属制品业	201.42	1 948.12
家具制造业	31.06	226.78	普通机械制造	354.69	2 351.68
造纸及纸制品	134.40	1 124.94	专用设备制造	238.16	1 714.73
印刷业	90.12	499.83	交通运输设备	511.94	4 011.53
文教体育用品	54.40	504.44	电子机械制造	409.83	3 286.15
石油加工业	194.45	2 363.80	电子通信设备	508.15	4 499.19
化学原料制品	502.61	4 195.22	仪器仪表设备	72.46	663.68

试完成以下问题:

(1)求销售利润与销售收入的样本回归函数,并对模型进行经济意义检验和统计检验;

(2)分别用图形法、Glejser 方法、White 方法检验模型是否存在异方差;

(3)如果模型存在异方差,选用适当的方法对异方差性进行修正。

7.表 12-8 所给资料为 1978—2000 年四川省农村人均纯收入 X_t 和人均生活费支出 Y_t 的数据。

表 12-8　四川省农村人均纯收入和人均生活费支出　　　　单位:元/人

时间	农村人均纯收入 X	农村人均生活费支出 Y	时间	农村人均纯收入 X	农村人均生活费支出 Y
1978	127.1	120.3	1990	557.76	509.16
1979	155.9	142.1	1991	590.21	552.39
1980	187.9	159.5	1992	634.31	569.46
1981	220.98	184.0	1993	698.27	647.43
1982	255.96	208.23	1994	946.33	904.28
1983	258.39	231.12	1995	1 158.29	1 092.91
1984	286.76	251.83	1996	1 459.09	1 358.03
1985	315.07	276.25	1997	1 680.69	1 440.48
1986	337.94	310.92	1998	1 789.17	1 440.77
1987	369.46	348.32	1999	1 843.47	1 426.06
1988	448.85	426.47	2000	1 903.60	1 485.34
1989	494.07	473.59			

资料来源:2001 年版《四川统计年鉴》。

(1)求农村人均生活费支出对人均纯收入的样本回归函数,并对模型进行经济意义检验和统计检验;

(2)选用适当的方法检验模型中是否存在异方差;

(3)如果模型存在异方差,选用适当的方法对异方差性进行修正。

第十三章　综合实验

一、实验目的与要求

实验目的：

综合线性回归模型的建立、估计、检验、应用。

实验要求：

掌握计量模型的建立步骤、估计原理、检验内容及如何应用。

二、实验原理

计量经济分析方法应用。

三、实验过程

【理论依据】根据新古典经济增长模型,决定财富增长(Y)的核心影响因素是资本(K),劳动(L)和技术进步(RD),即$Y = f(K, L, RD)$。

【模型与数据】为考察 2000—2016 年重庆市工业增加值的影响因素,建立 C-D 生产函数模型:$Y = \beta_0 K^{\beta_1} L^{\beta_2} RD^{\beta_3}$,线性化为:

$$\ln Y = \ln\beta_0 + \beta_1 \ln K + \beta_2 \ln L + \beta_3 \ln RD$$

其中,参数β_1、β_2、β_3分别反映资本、劳动和技术进步对工业增加值的影响。其中,K用工业固定资产投资表示,L用工业劳动人数表示,RD用研发费用内部支出表示,数据来源于《重庆统计年鉴》,数据如表 13-1 所示。

表 13-1　2000—2016 年重庆市工业增加值及其影响因素

年份	Y/ 亿元	K/ 亿元	L/ 万人	RD/ 万元
2000	284	142	66.46	104 750
2001	577	146	66.63	101 586
2002	651	159	66.64	128 835
2003	768	247	66.72	176 988
2004	928	373	67.46	231 469
2005	1 023	533	68.00	310 272
2006	1 234	719	69.06	380 759
2007	1 572	1 020	70.20	470 734
2008	2 036	1 327	73.14	608 852
2009	2 917	1 747	73.20	794 599
2010	3 698	2 179	81.10	1 002 663
2011	4 690	2 482	85.20	1 283 560
2012	4 981	2 809	96.54	1 597 973
2013	5 250	3 321	99.45	1 764 911
2014	5 176	3 911	100.75	2 018 528
2015	5 558	4 698	101.15	2 470 012
2016	6 190	5 401	101.24	3 021 830

实验过程分为六个部分:变量的统计描述,多元线性模型回归,检验和修正多重共线性,检验和修正异方差性,检验和修正序列相关性,构建最终模型。

1.变量的统计描述

进入"重庆统计信息网",进行数据的收集,将收集到的数据在 Excel 中进行整理,如图 13-1 所示。整理完成后,将数据导入 EViews 8 工作文件中。

	A	B	C	D	E	
1	year	y	k	l	rd	
2	2000	284	142	66.46	104750	
3	2001	577	146	66.63	101586	
4	2002	651	159	66.64	128835	
5	2003	768	247	66.72	176988	
6	2004	928	373	67.46	231469	
7	2005	1023	533	68.00	310272	
8	2006	1234	719	69.06	380759	
9	2007	1572	1020	70.20	470734	
10	2008	2036	1327	73.14	608852	
11	2009	2917	1747	73.20	794599	
12	2010	3698	2179	81.10	1002663	
13	2011	4690	2482	85.20	1283560	
14	2012	4981	2809	96.54	1597973	
15	2013	5250	3321	99.45	1764911	
16	2014	5176	3911	100.75	2018528	
17	2015	5558	4698	101.15	2470012	
18	2016	6190	5401	101.24	3021830	

图 13-1　将数据按格式进行整理

数据导出成功后，建立变量序列组。在序列组中，依次点击："View/Descriptive Stats/Common Sample"，即可输出 *Y*、*K*、*L*、*RD* 四个变量的描述性统计量，如图 13-2 所示。

Group: UNTITLED　Workfile: 表1 2000-2017年我国人均消费支出和人均可支配收入 (3)::Unt

View | Proc | Object | Print | Name | Freeze | Sample | Sheet | Stats | Spec

	Y	K	L	RD
Mean	2796.046	1836.273	79.58389	968724.8
Median	2036.400	1327.140	73.13670	608852.0
Maximum	6189.800	5401.490	101.2382	3021830.
Minimum	283.7300	142.3981	66.46480	101586.0
Std. Dev.	2108.260	1695.195	14.43290	910446.6
Skewness	0.296905	0.745416	0.599227	0.898857
Kurtosis	1.439410	2.359181	1.610364	2.641037
Jarque-Bera	1.974869	1.865205	2.385226	2.380447
Probability	0.372531	0.393528	0.303427	0.304153
Sum	47532.79	31216.64	1352.926	16468321
Sum Sq. Dev.	71116178	45978970	3332.939	1.33E+13
Observations	17	17	17	17

图 13-2　变量的描述性统计

从变量的统计描述中，可以得到各个变量的平均水平、离散程度、极差、偏度、峰度、样本量等信息。

2.多元线性模型回归

单击"Proc/Make Equation"，在方程命令窗口中输入"log(Y) C log(K) log(L) log (RD)"，"Method"下拉菜单中选中"LS"，单击"确定"后，输出多元线性回归模型结果，如图 13-3 所示。

Equation: UNTITLED　Workfile: 表1 2000-2017年我国人均消费支出和人均可支配收入 (3)::U

View | Proc | Object | Print | Name | Freeze | Estimate | Forecast | Stats | Resids

Dependent Variable: LOG(Y)
Method: Least Squares
Date: 02/22/19　Time: 16:04
Sample: 2000 2016
Included observations: 17

Variable	Coefficient	Std. Error	t-Statistic	Prob.
C	-1.793783	3.218478	-0.557339	0.5868
LOG(K)	0.169432	0.665339	0.254655	0.8030
LOG(L)	-0.168651	1.308516	-0.128887	0.8994
LOG(RD)	0.672702	0.894859	0.751741	0.4656

R-squared	0.964401	Mean dependent var	7.565908
Adjusted R-squared	0.956185	S.D. dependent var	0.970864
S.E. of regression	0.203221	Akaike info criterion	-0.146722
Sum squared resid	0.536884	Schwarz criterion	0.049328
Log likelihood	5.247139	Hannan-Quinn criter.	-0.127234
F-statistic	117.3915	Durbin-Watson stat	1.191150
Prob(F-statistic)	0.000000		

图 13-3　多元线性回归结果

图 13-3 的模型回归结果为：$\ln Y = -1.794 + 0.169\ln K - 0.168\ln L + 0.673\ln RD$，从回归系数上看，资本和技术进步对工业增加值有促进作用，且技术进步的正向促进作用要大于资本的正向促进作用；劳动对工业增加值变量存在负向影响，当工业劳动人数每提高 1%，工业增加值将下降 0.168%。

从参数检验结果上看，各个参数的 t 值均较小，P 值显示在 10% 的显著性水平上，参数检验不通过，表明参数检验不显著。

在模型的显著性检验上看，可决系数 R^2 和调整后的可决系数 R_a^2 分别为 0.964、0.956，表明解释变量对被解释变量的拟合效果较好。模型 F 值为 117.39，F 检验通过，表明回归模型是显著的。

3.检验和修正多重共线性

从图 13-3 中可以看到，模型整体的解释力度较强，显著性较高，但是参数的显著性检验均不通过，在综合判断法下，可认为变量间存在多重共线性现象。

进一步地计算变量间相关系数和方差膨胀因子，在图 13-2 序列组中，依次单击"View/Covariance Analysis"，在弹出的对话框中勾选"Correlation"，单击"OK"后，即可输出 Y、K、L、RD 的相关系数，如图 13-4 所示。在图 13-3 的回归结果界面上，依次单击"View/Coefficient Diagnostics/Variance Inflation Factors"，即可生成各变量的方差膨胀因子，如图 13-5 所示。

G Group: UNTITLED Workfile: 表1 2000-2017年我国人均消费支出和人均可支配收入 (3)::Untitled\

View Proc Object Print Name Freeze Sample Sheet Stats Spec

Covariance Analysis: Ordinary
Date: 02/22/19 Time: 16:23
Sample: 2000 2016
Included observations: 17

Correlation	Y	K	L	RD
Y	1.000000			
K	0.965907	1.000000		
L	0.969457	0.958815	1.000000	
RD	0.957114	0.996156	0.959998	1.000000

图 13-4　变量间相关系数

≡ Equation: UNTITLED Workfile: 表1 2000-2017年我国人均消费支出和人均可支配收

View Proc Object Print Name Freeze Estimate Forecast Stats Resids

Variance Inflation Factors
Date: 02/22/19 Time: 16:21
Sample: 2000 2016
Included observations: 17

Variable	Coefficient Variance	Uncentered VIF	Centered VIF
C	10.35860	4263.961	NA
LOG(K)	0.442676	9019.232	275.8312
LOG(L)	1.712213	13431.12	20.22962
LOG(RD)	0.800773	58381.92	402.6832

图 13-5　方差膨胀因子

从图 13-4 中可知，K、L、RD 三个解释变量之间相关系数均超过 0.95，表明解释变量之间存在较高的相关性。

从图 13-5 中可知，多元线性回归模型中，各个回归变量的方差膨胀因子均超过 10，说明变量之间存在较强的多重共线性。

运用逐步回归法处理多重共线性。回到方程输出结果界面，点击"Proc/Make E-quation"，在"Method"下拉菜单中选中"STEPLS-Stepwise Least Squares"。在方程命令窗口的上半部分输入被解释变量"log(Y)"，在下半部分输入解释变量"c log(K) log(L) log(RD)"。再单击窗口上方的按钮"Option"，采用 P 值做逐步回归增减变量的依据，并将 P 值临界值修改为"0.1"（初始值为 0.5）。单击"确定"后，生成逐步回归结果，如图 13-6 所示。

```
Equation: UNTITLED   Workfile: 表1  2000-2017年我国人均消费支出和人均可支配收入 (3)::
View Proc Object | Print Name Freeze | Estimate Forecast Stats Resids

Dependent Variable: LOG(Y)
Method: Stepwise Regression
Date: 02/22/19   Time: 16:33
Sample: 2000 2016
Included observations: 17
No always included regressors
Number of search regressors: 4
Selection method: Stepwise forwards
Stopping criterion: p-value forwards/backwards = 0.1/0.1
```

Variable	Coefficient	Std. Error	t-Statistic	Prob.*
LOG(RD)	0.337254	0.037383	9.021681	0.0000
LOG(K)	0.446590	0.070715	6.315333	0.0000

R-squared	0.963547	Mean dependent var		7.565908
Adjusted R-squared	0.961116	S.D. dependent var		0.970864
S.E. of regression	0.191444	Akaike info criterion		-0.358311
Sum squared resid	0.549763	Schwarz criterion		-0.260286
Log likelihood	5.045640	Hannan-Quinn criter.		-0.348567
Durbin-Watson stat	1.132662			

Selection Summary

Added LOG(RD)
Added LOG(K)

*Note: p-values and subsequent tests do not account for stepwise selection.

图 13-6　逐步回归模型结果

从逐步回归结果中可知，原模型中的常数项和劳动变量都被剔除，模型参数检验显著，模型整体显著，拟合效果较好。逐步回归结果模型为 $\ln Y = 0.447\ln K + 0.337\ln RD$。

4.检验和修正异方差性

（1）进行异方差性怀特检验。再回到序列组中，根据逐步回归对变量取舍的结果，重新进行多元线性回归。单击"Proc/Make Equation"，在方程命令窗口中输入"log

（Y）log（K）log（RD）"，"Method"下拉菜单中选中"LS"，单击"确定"后，输出新的模型结果。依次单击"View/Residual Diagnostics/Heteroskedasticity Tests"，在检验类别（Test Type）中选择"White"，点击"OK"后，输出怀特检验结果，如图 13-7 所示。

图 13-7 怀特检验结果

从图 13-7 怀特检验结果中，可知 LM 值为 8.30，P 值为 0.04，在 10% 显著性水平上拒绝同方差原假设，表明该新建模型存在异方差。

（2）修正异方差性。修正异方差关键在于寻找合适的权重。根据前文搜寻权重的方法，在主界面命令窗口依次输入"genr e1＝resid""genr e2＝（e1）^2""genr lne3＝log（e2）""ls lne3 c log（k）log（rd）"；在生成的回归结果界面中单击"Forecast"，生成新的序列"lne3f"；紧接着在主命令窗口输入"genr e3f＝exp（lne3f）""genr w＝1/［（e3f）^（1/2）］""genr w＝1/［（e3f）^（1/2）］"。至此，权重序列"w"已生成。利用权重对模型进行加权最小二乘回归，主界面命令窗口输入"ls log（y）＊w log（k）＊w log（rd）＊w"，可得加权最小二乘估计结果，如图 13-8 所示。

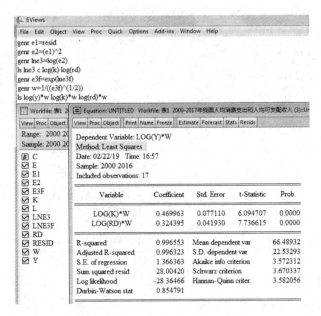

图 13-8　加权最小二乘估计结果

对加权最小二乘结果进行怀特检验,单击"View/Residual Diagnostics/Heteroskedasticity Tests",在检验类别(Test Type)中选择"White",结果如图 13-9 所示。

Heteroskedasticity Test: White			
F-statistic	0.249312	Prob. F(3,13)	0.8604
Obs*R-squared	0.924860	Prob. Chi-Square(3)	0.8194
Scaled explained SS	0.236382	Prob. Chi-Square(3)	0.9715

图 13-9　怀特检验结果

从图 13-9 的怀特检验结果中可知,加权最小二乘估计模型的 LM 值为 0.925,P 值为 0.819,统计检验不显著,表明模型不存在异方差。

5.检验和修正序列相关性

(1)对加权最小二乘估计模型进行序列相关性检验。依次单击"View/Residual Diagnostics/correlogram/Q-statistics",选择最大滞后阶数(lags to include)"12",即可输出残差项 RESID 的自相关(Autocorrelation)和偏相关系数(Partial Correlation)。如图 13-10 所示。

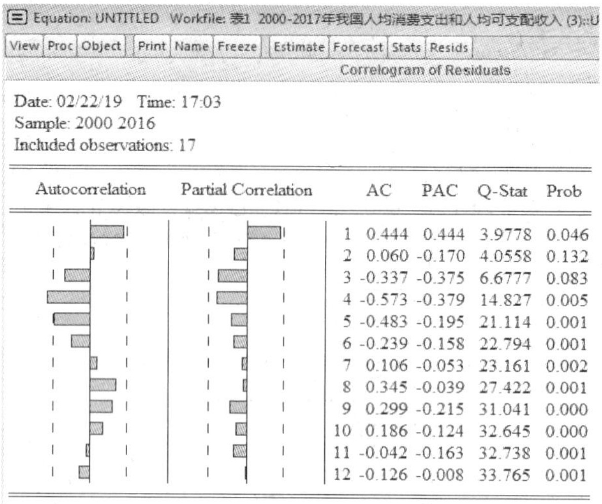

Date: 02/22/19 Time: 17:03
Sample: 2000 2016
Included observations: 17

Autocorrelation	Partial Correlation		AC	PAC	Q-Stat	Prob
		1	0.444	0.444	3.9778	0.046
		2	0.060	-0.170	4.0558	0.132
		3	-0.337	-0.375	6.6777	0.083
		4	-0.573	-0.379	14.827	0.005
		5	-0.483	-0.195	21.114	0.001
		6	-0.239	-0.158	22.794	0.001
		7	0.106	-0.053	23.161	0.002
		8	0.345	-0.039	27.422	0.001
		9	0.299	-0.215	31.041	0.000
		10	0.186	-0.124	32.645	0.000
		11	-0.042	-0.163	32.738	0.001
		12	-0.126	-0.008	33.765	0.001

图 13-10 偏相关系数

从偏相关系数图中可以看出,残差项偏相关系数未超出虚线位置,表明模型的序列相关性不明显。

(2)进行拉格朗日乘数检验(LM Test)。依次单击"View/Residual Diagnostics/Serial Correlation LM Test",选择所要检验滞后阶数"lags to include",例如"2"。结果如图 13-11 所示。

Breusch-Godfrey Serial Correlation LM Test:

F-statistic	1.998136	Prob. F(2,13)	0.1751
Obs*R-squared	3.992990	Prob. Chi-Square(2)	0.1358

图 13-11 拉格朗日乘数检验结果

从 LM Test 结果中可知,LM 值为 3.99,P 值为 0.14,检验为通过,认为加权最小二乘估计模型不存在序列相关性。由于模型不存在序列相关性,所以不需要再对加权最小二乘估计模型进行广义差分估计。

6.构建最终模型

通过对原模型的多重共线性、异方差性、序列相关性的检验,得到最终模型为:

$$\ln Y^{*} = 0.470\ln K^{*} + 0.324\ln RD^{*}$$

其中,$\ln Y^{*} = w \cdot \ln Y$,$\ln K^{*} = w \cdot \ln K$,$\ln RD^{*} = w \cdot \ln RD$。从图 13-7 的估计结果中可知,参数检验的 P 值都远小于临界值(10%),参数显著性检验通过;模型的可决系数为 0.996,表明模型拟合效果较好。

四、思考题

选择一个你感兴趣的、具体的社会经济生活的热点问题,运用经济计量分析模型进行计量分析,并得出相应结论。

参考文献

[1] 张晓峒. 计量经济学软件 EViews 使用指南[M]. 天津:南开大学出版社,2004.

[2] 何剑. 计量经济学实验和 EViews 使用[M]. 北京:中国统计出版社,2010.

[3] 易丹辉. 数据分析与 EViews 应用[M]. 北京:中国人民大学出版社,2008.

[4] 张大维. EViews 数据统计与分析教程[M]. 北京:清华大学出版社,2010.

[5] 叶阿忠. 计量经济学软件 EViews 操作和建模实例[M]. 北京:经济科学出版社,2017.

[6] 庞浩. 计量经济学[M]. 3 版. 北京:科学出版社,2014.

[7] 李子奈,潘文卿. 计量经济学[M]. 4 版. 北京:高等教育出版社,2016.

[8] 谢识予,朱弘鑫. 高级计量经济学[M]. 上海:复旦大学出版社,2005.